エネルギー自由化
勝者のIT戦略

エネルギービジネスコンサルタント
平松 昌
MASARU HIRAMATSU

はじめに

電力の全面自由化から3年、ガスの自由化から2年が経過し、発送電分離（電力会社の小売電気事業及び発電事業と送配電事業を分離すること）の節目の年である2020年に向けて、本当のエネルギー自由化における戦いが開始される。

小売電気事業者の数は増え続け、2019年2月時点で600社に迫る勢いであり、まだ増える方向にある。ガス小売事業者は、従来の電力会社・ガス会社以外の参入はまだまだの状況であるが、大きな傾向として、エネルギー事業への新規参入組が予想以上に増加している点は注目に値する。

一方、エネルギー業界は、M&A（企業の合併・買収）等を含め再編に向けて激しく動いていくと想定され、生き残りをかけた本格的な戦いが加速すると推察する。

エネルギー事業は、周辺ビジネスを含めると巨大なマーケットであることは間違いなく、そのマーケットにおいては、さまざまなサービスとエネルギーサービスが融合すると同時に、事業者間の連携を含め、今後はプレイヤーの事業スタイルも多様化し、差別化戦略をいかにして実行に移すかが、勝ち組になれるかどうかのポイントとなる。

いかに柔軟に変化できるかが、新規参入組の事業者にとっては非常に重要であり、賢く戦略を練り、スピード感を持ってその戦略を実行に移せるかどうかが旧エネルギー事業者に対抗するための要となる。また、それは新規参入組でも勝ち組になりうる可能性を示唆している。

電力事業で言えば、電源調達や制度設計に基づく託送制度については、自力で大きく変えることはできないだろうが、サービスにおける差別化やその事業を支える仕組みで、勝ち残ることはできると考える。

本書は、エネルギー事業者、特に新規参入組がいかにして勝ち組になるかという観点で、サービスを支える業務をどのように組み立てるか、ＩＴによりその効率・スピードをどのように確保していくかについて、解説していく。

現在、すでに参入している事業者、または、今後参入を予定している事業者、さらに取次店等という別の形態で参入を予定している事業者、事業を見直そうとしている方々に、少しでも参考になれば幸いである。

エネルギー自由化　勝者のIT戦略　目次

第4章 エネルギー事業で勝ち組になるためのIT戦略

第5章 エネルギーオペレーティングシステムの実現を目指して

第1章 エネルギー自由化と参入事業者を取り巻く環境

本章では、エネルギー自由化の現状を概観し、その事業の現状について解説する。

冒頭でお断りをするが、本書で取り上げるエネルギー事業者は、エネルギーサービス事業者（将来的なサービス事業も含まれる）またはエネルギー小売事業者のことを指し、その事業についてのお話となるので、その観点で読み進めていただけたら幸いである。

新規参入の裏で撤退も。電力自由化の現状とは

電力は、2016年4月から全面自由化されたが、2000年3月からの契約電力2000kW以上の特別高圧分野の大口需要家（エネルギー需要のお客様のことを需要家という。以下、需要家とする）への自由化に始まり、2005年4月からの契約電力50kW以上の高圧分野の完全自由化を経て、2011年3月11日の東日本大震災を契機に低圧までの全面自由化が一気に進んだ。

特別高圧（2000kW以上）は1万件強、高圧（50kW以上2000kW未満）は約84万件の市場規模であり、低圧（50kW未満）の8630万件強の市場規模をプラスすると、約18兆円の市場規模となる。

電力自由化の市場に参入するプレイヤーは、従来高圧分野においてすでに電力市場に参入している事業者と今後新たに参入する事業者に大別されるが、2016年4月以降、小売電気事業ライセンスを取得する企業は、2019年2月時点で600社に迫る勢いであり、まだ増加する傾向にある。

ガス自由化を含めた巨大な市場の獲得に向けて、各社が一斉に動き始めたわけだが、当

図1　新電力のシェアの推移

- 全販売電力量に占める新電力のシェアは、2016 年 4 月の**全面自由化直後は約 5% だったが、2017 年 5 月以降 10% を超え、2018 年 9 月時点では約 14.1%** となっている。
- 電圧別では、特別高圧・高圧分野は時期により変動しつつも、全体的には上昇傾向にあってシェアは約 15.5%、**低圧分野は堅調に推移し、シェアは約 11.7%** となっている。

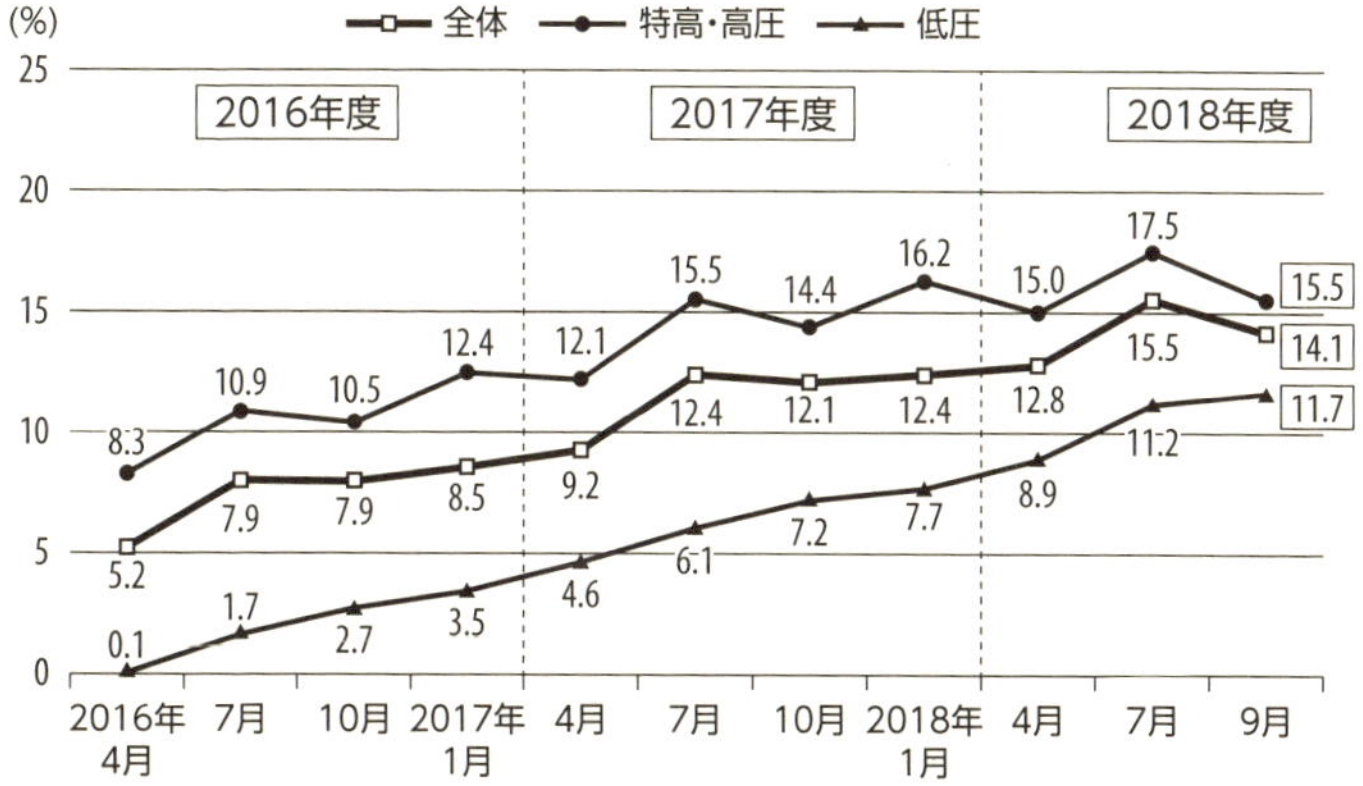

出典：資源エネルギー庁　2018年12月19日　電力・ガス小売全面自由化の進捗状況について

初電力事業を検討していた企業でも、制度設計や市場の成り行きを見極めて参入を一旦延期し様子を見ている、またはリスクを取らず単なる代理店や取次店として参入するところもある。一方、自ら小売事業者になったが、取次店として事業を見直している事業者や、すでに身売りをする、または身売りをせざる得ない状況になっている事業者も出始めている。

全販売電力量に占める新電力会社のシェアは、全面自由化直後の2016年4月時点では約5％だったが、2017年5月に10％、2018年9月時点では約14％となっている。

特別高圧・高圧分野（大口需要家向け）は時期により変動しつつ、最近は旧一般電気事業者の攻勢もあり減少傾向にあるが、新電力会社の低圧分野での販売量は一貫して伸び続け、11％超となっている。

一般家庭向け（低圧）の旧一般電気事業者から新電力へのスイッチング（契約切り替え）件数は、電力小売全面自由化以降、首都圏を中心に着実に増加し、全面自由化後の累積で、約851万件に達し、累計スイッチング率が件数ベースで12％を超えた（2018年9月時点）。

また、旧一般電気事業者内の規制料金から自由料金へのスイッチング（インターナル・

図2　エリア毎のスイッチング率

● 2018 年 9 月末時点での**新電力等への切替（スイッチング）件数は約 795.0 万件**、大手電力（旧一般電気事業者）の**自社内契約切替件数（規制→自由）は約489万件**であり、合わせて**約1,284万件となっている。**

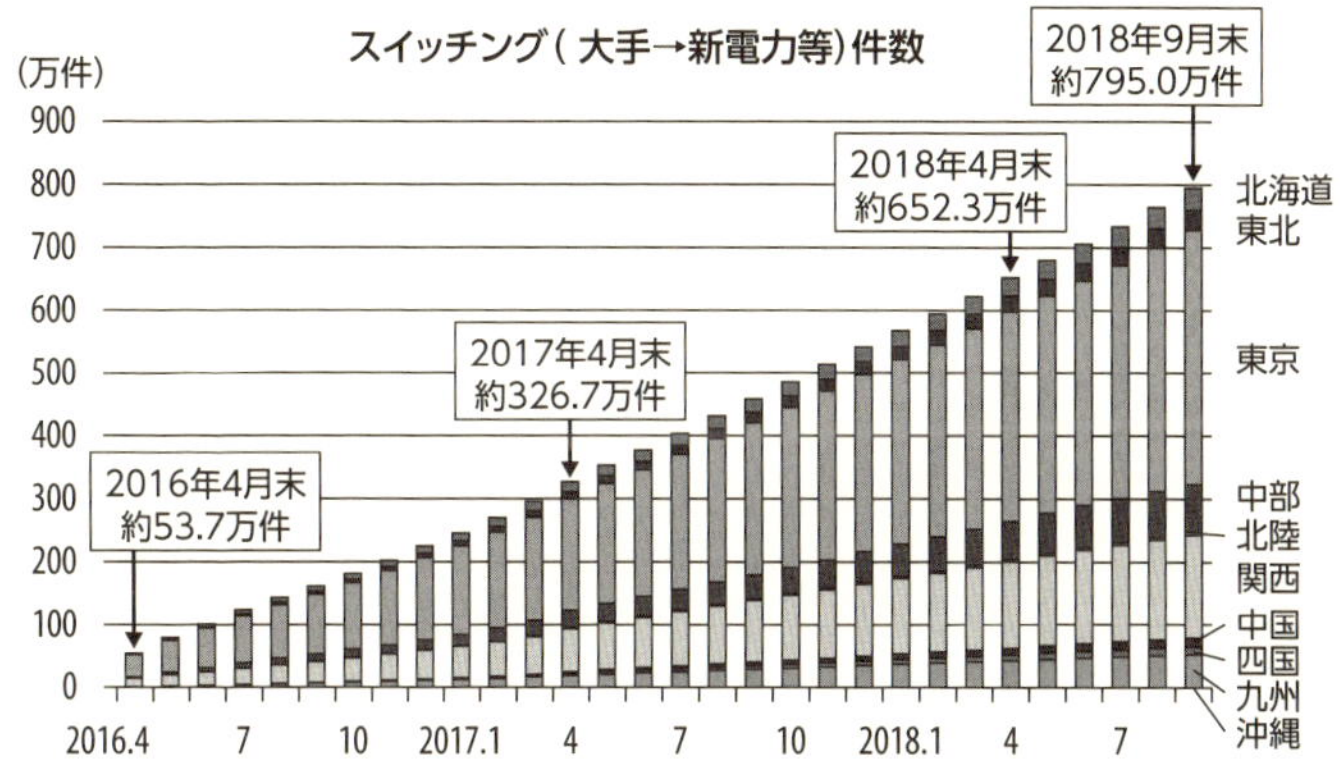

※「新電力等」とは、新電力及び供給区域外の大手電力を指す。

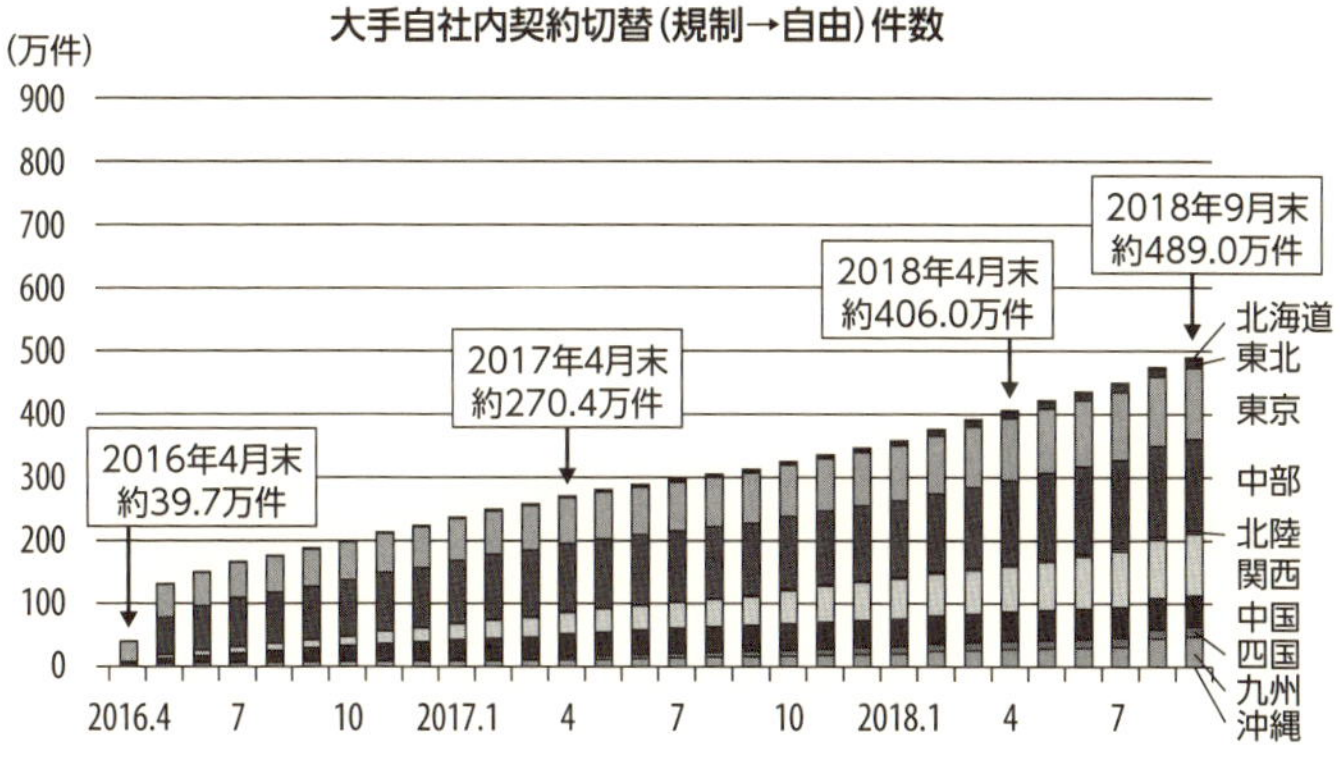

出典：資源エネルギー庁　2018年12月19日　電力・ガス小売全面自由化の進捗状況について

スイッチング）を含めると20・5%となっている。

低圧分野の自由化により活性化され、高圧分野の需要の切り替えを含む需要家の獲得合戦がこの数年繰り広げられてきたが、みなし小売事業者（現行の電力会社であり、2016年4月以降小売部門は、みなし小売事業者となる）の反攻が開始され、高圧分野については、撤退モードになっている事業者も多く見られる。

今後、主戦場は、BtoBの高圧下位レイヤー及び低圧、BtoC上位レイヤーにターゲットが絞られていくと想定されるが、サービス次第でそれ以外のターゲット層やニッチな市場における専門プレイヤーが、活躍するケースも可能性としてはある。

事業者は大きく、旧一般電気事業者、2000年3月の自由化当初から参入している大手新電力、2016年4月以降参入した新規組に分かれ、制度及び業界、他社の動向をにらみながら、かつ、協業先を模索しながら、事業を継続または市場参入している。

全国的な動きを見せ始めた旧一般電気事業者の逆襲

◉旧一般電気事業者：2016年4月以降、みなし小売事業者（電力小売部門）

従来の電力会社は、ガス自由化後の事業参入、新電力への巻き返し営業、域内の営業を強化しながら、かつ、域外への攻勢も実施している。エリア内における逆襲の動きは、関西エリアにとどまらず、全国的な動きとなっている。

また、自社エリアでスイッチングした需要家の取り戻し、他のエリアへの進出も加速しており、取次店政策の強化や、新電力の買収・資本参加も徐々に開始されている。

自由化当初は原発の稼働問題もあり、電気料金が上昇しているエリア、例えば関西エリアでは、域外からの攻勢が激しく、強力な料金メニューで攻め込まれていたが、現在は逆襲が開始されており、シェアを取り戻しつつある。

需要家に対しては、必ず新電力より安い料金の提案が出てくるため、新電力は戦意喪失というところである。

自社グループ・他業態との提携によるセット販売モデルやポイント付与等で、または、電気のトラブル対応等のサービス強化で、かつ、ガス事業への展開・セット割で、低圧分野（一般家庭）を押さえ込みにかかっており、高圧分野は低価格攻勢で逆襲を開始している。特に、ガスのセット戦略は、圧倒的なガスの保有量を生かし、都市圏で加速している。従来消極的であった地域新電力の立ち上げや取次店との協業等にも積極的に動いており、自由化当初とは動きが変わってきている。

どんな手を使っても、シェアは確保していくという方向性であるが、一方、買収を含めた子会社戦略の方向性がバラバラで統一感がない、一体どこに向かっていくのかと感じさせる会社もある。

大手新電力は子供を増やす作戦

◉従来から電力事業に取り組んでいる事業者（大手小売事業者）

電力の高圧小売事業は、50kW以上の大口需要家向け供給サービス（全体の電力需要の約62％）をすでに行っており、2000年3月から特別高圧（2000kW以上）、2004年4月から高圧（500kW以上）、2005年4月から50kW以上の高圧の小口需要家も含む全ての分野で自由化されている市場で事業展開をしてきた。

ただし、電力供給力の問題もあり、まだまだ、圧倒的に旧一般電気事業者がシェアを保持しており、前述の通り新電力会社のシェアは、2018年9月時点販売実績で約14・2％（特別高圧6・7％、高圧21・8％、低圧11・7％）程度である。

この高圧事業者も、従来の高圧分野のみを継続事業とする一部の会社を除き、電力事業のノウハウを生かし低圧分野にも展開を開始している。

需要家にアプローチするためのチャネルは、関連会社を含む**バランシンググループ**※1-1（以下、BG）の小売事業者、取次店、代理店等の他社のチャネルに依存しているケースが多い。

従来の大手新電力は、従来の高圧法人への直販と合わせて、低圧は、バランシンググループの傘下小売事業者や代理店・取次店を増やして、個人家庭を含めた需要家の契約数確

※1-1　バランシンググループ（BG）

「需要バランシンググループ」と「発電バランシンググループ」に分かれる。バランシンググループ（代表契約者制度）とは、複数の新電力と送配電事業者が、一つの託送供給契約を結び、新電力間で代表契約者を選定する仕組みのこと。グループを形成する新電力全体で同時同量を達成することとなり、グループ規模が大きくなるほど、理論上は**インバランス**※1-2が生ずるリスクを低減することが可能になる（実際は、契約上インバランスリスクを取らないバランシンググループもあるため、一概には言えない）。発電バランシンググループとは、一つまたは複数の発電場所が一つの発電量調整供給契約を結び、発電バランシンググループ間で発電契約者を選定する仕組みのこと。

※1-2　インバランス

インバランスとは、新制度においてライセンスを取得した小売事業者の義務として設計されている電力の計画値同時同量を遂行するために実施する需給管理において、計画通り実施できなかった場合に、送配電事業者が発電事業者および小売電気事業者に支払ってもらうペナルティである（余剰の場合は買い取ってもらえる）。このコストは、新制度では卸電力市場の価格と連動する費用となる。需給管理を真面目に行わない事業者やこの制度を逆手に利益を上げている事業者もあり、インバランスの制度は見直しが開始されている。

保を狙っている。

また、大手事業者でも、エリアによっては取次店方式も検討が開始されており、旧一般電気事業者との協業も含め事業の見直しが開始されている。

都市ガス、石油、商社……等。新規参入事業者はさまざま

新規参入組は、電源を保有する発電事業寄り、高圧を含めた小売事業寄りの事業者に分かれ、ガス会社をはじめとして、大小さまざまな業態からの参入がある。

ここでは、従来の高圧事業者（大手新電力）も、低圧分野では新規参入であるため、加えて言及することにする。

新規参入組は、①都市ガス会社、②石油会社系、③商社系、④鉄鋼系、⑤製紙会社系等の電源を保有しているプレイヤーと、プロパンガス会社、流通小売事業者、自動車系、電鉄会社系、ハウスメーカー、賃貸事業者、ケーブルテレビ事業者、回線・携帯電話事業者、プロバイダー、複合機ベンダー、ケータリング事業者、介護系事業者、旅行会社、独立系事業者、ベンチャー事業者、地域新電力会社等さまざまであるが、まだまだ他業種から参入企業は増加すると想定される。

各事業者にはそれぞれ強み・弱みがあり、電源の相対取引や他の新電力との協業により、また外部委託等の利用を含め事業展開をする上で、各業種・業態の強みを生かしつつ、弱みを補っていく必要がある。

高圧寄りの事業者は比較的B to Cのチャネルに弱く、協業や提携により、販売チャネルを確保する必要がある。

一方、電源供給源をゼロから確保しないといけない新規参入組の小売事業者は、電源供給元の確保が急務であると同時に、電力事業の要となる**需給管理業務**※1-3等、電力事業に向けての体制作りが必要となる。それに加えて、現事業でコンシューマ向けサービスを展開していない事業者は、顧客対応の体制確立も必須となる。

自由化当初、旧一般電気事業者の予想として、新規参入組の20〜30％程度が離脱する、一般のアンケートでも、約20〜50％が自由化で電力会社を変えたいという想定データがあり、数十万レベルの需要家を獲得できそうな事業者にとっては大きなチャンスである。

※1-3　需給管理業務

小売事業を行う上で重要な業務。需要の予測と計画及び実需要のバランスを取るための業務であり、ライセンス事業者の義務となっている。自社で業務を行うケースと、バランシンググループへの加入や外部委託するケースがあり、事業参入する際は、電力市場への参加の可否を含めて検討する必要がある。

参入事業者にとっては、コスト面・供給面で安定した電源の確保は切実で重要な課題となっており、自由化からほぼ3年経過した今でも状況は大きく変わっていない。

また、小売電気事業のライセンス取得の前提となっている点でも、当然であるが電源の供給元の確保が非常に重要なマターとなる。ただし、現実的には、旧一般電気事業者の**常時バックアップ**[※1-4]と日本卸電力取引所（ＪＥＰＸ）での確保でも、ライセンス取得はできている。

最近では、ライセンス申請の際に提出する書類上、必須の記載事項となっている電源確保に関して、相対取引等の電源供給取引元や市場取引を記載すると、経済産業省（ＭＥＴＩ）から、供給元や市場（取引所）に直接具体的なコンタクト・交渉について確認がなされるようになっている。そのため、ライセンスを取得する、また事業を計画し開始する上で、より重要な要素となっている。

当面は、現行電力会社の常時バックアップを受けて、ある割合は確保できるが、再生可能エネルギー等の電源と日本卸電力取引所だけでは、需要家の比較的早い時期での増加・獲得において十分な対応とは言えないため、また、市場のスパーク（特異日の夕刻等で市場の相場が相当高くなる。２０１８年でも１００円／ｋＷｈ以上になったことがある。２０１８年末から２０１９年初頭における冬の電力市場は落ち着いている）等へのリスク分散の対応が難しくなるため、ベースロード（出力が一定でコストが低い）やミドル（ベースロード電源が不足したときに供給）の電源は確実に確保しておきたいところである。

つまり、特に事業拡大ができる、また、早期に契約件数を確保できる事業者は、安定して低コストで供給が継続できる電源を保有している事業者、または、今後保有しようとしている事業者と適時取引及び提携する必要に迫られている。

従来の高圧事業者は、今までの事業展開から電源供給源はある程度確保されており、低圧の小売事業への備えを比較的早くから実施してきたこともあり、従来の延長上でビジネス展開が可能と思われたが、現実はBtoCモデルとBtoBモデルでは必要となる業務の組み立て方が異なるため、現在でもその業務やシステムについて、100%確立されていないというのが現状ではないだろうか。

現時点でも、BtoCモデルにおけるコンシューマのチャネルを十分確立できていないところもあり、いわゆる取次店・販売店・代理店ができる事業者との提携を模索しているところが多いのも事実である。

※1−4　**常時バックアップ**
新電力が需要家に対して電力を供給する（小売りする）際、需要電力に供給量が足りないとき、旧一般電気事業者から一定量の電力を継続的に融通（卸売り）してもらう形態をいう。制度ではなく、相対取引の一種。

BtoCのチャネルとして、WEBでの集客については当初から議論されてきたが、自由化初期段階では爆発的な集客には至らなかった。しかし、最近は比較サイトの利用率が高まり、その導線で需要家の契約を獲得する事業者も増えている。実際、比較サイトからの誘導で、月1000件以上の需要家を獲得している事例もある。

また、大手事業者は、BGを構成し、他の小売事業者を巻き込んだ勢力を構築しようとしており、また、需要家のチャネルを持っている資本関係の近いグループ企業で共闘するスキームを構成することも、自由化当初から継続して実現してきている。

さらに、小売事業を独自で展開してきたが、取次方式に戦略を変更し、従来の電力会社との協業により電源を確保した上で十分戦える準備をし、自社サービスの基盤をより強固なものにしようとしている事業者も出始めている。実際には、市場取引等電源調達のためのキャッシュ確保が厳しくなってきているとの憶測もある。

電源供給元を確保できている事業者のもとには、提携・協業したいという話が多く持ち込まれており、他業態とのコラボレーションによる画期的な電力サービスが出てくることを期待したい。

一部の高圧事業者は、当面低圧分野には参入しないところもあるが、電源供給元を保有している事業者の多くは、グループ企業への供給を優先するか、さらに協業先を増やして複数の小売事業者を束ねるか、卸供給や高圧事業に特化していくかを判断することになり、旧一般電気事業者が分社化する2020年ごろまで、業態の大変革の中で大きな役割を担い動いている。

新規参入組でも、電源の供給元を持っていないが、顧客チャネルは確実にあり（100万件以上）、数十万件の顧客獲得は問題なくできるという事業者は、電源供給元へのアプローチや提携交渉を進めている段階である。小売事業者または取次店としての事業参戦を検討しているところもある。

先行組は、2016年4月以降ある程度の需要家獲得を実現し、さらにおおよそ3、4年程度（2019年度中）で当初の想定需要家数を確保したいと考えており、その想定需要家数でシェアを確保できた場合、低圧小売事業は軌道に乗ると考えている。

低圧事業に関しては、企業の事業採算の考え方に大きく依存するが、最低でも数万件の需要家が、できれば10万件以上の需要家がほしいところであり、その数値目標に基づき事業計画を立てている。

ただし、現実的には、10万件を超える需要家を獲得している事業者は、都市ガス会社等少数派である。また、当初は、高圧事業から開始して準備期間を経てから低圧事業に進出する方向性の事業者も多かったが、現時点では高圧というより法人低圧からという事業者も増えている。

さらに、地産地消をベースとして、地域に特化して電力供給をする動きもあり、地方自治体を中心として、再生可能エネルギー等を軸に電力事業を構築する動きも自由化当初より拡大している。

電力自由化から遅れて始まった、ガス自由化の現状とは

ガスの自由化は、電力の自由化から遅れて1年後に実施されたが、電力自由化と比較してガスの取引市場がない点、保安業務の義務化というハードルがある点で、電力業界と比較すると新規の事業参入者が少ないのが現状である。

２０１６年8月1日から小売の事前登録申請を受け付け、２０１８年12月19日時点で65社が登録済。このうち、今回の自由化を機に、越境販売を含め、新たに一般家庭へ供給(予定を含む)しているのは25社となっている。

内訳は、電気事業者、旧一般ガス事業者、ＬＰガス事業者、旧大口ガス事業者、旧ガス導管事業者、その他事業者となっており、ガス供給ができる、または保安業務ができる事業者が有利な状況で自由化が進んでいる。

関西、関東、中部を中心に、2018年11月時点で161万件弱が、新規事業者にスイッチング（契約切り替え）しており、現在も増加中である。

ただ、現時点でまだ少数であるものの、ガスの供給と保安業務を受け持つ事業者が、ガス事業の新規参入サポートサービスを開始したこともあり、そのスキームを利用した参入者が、ライセンス事業者・取次店として増加中である。

例えば、東京電力エナジーパートナーと日本瓦斯《ガス》が共同出資し、都市ガスの調達や販売に必要な機能・ノウハウなどの事業運営基盤（プラットフォーム）を提供する東京エナジーアライアンス（TEA）を2017年8月21日に設立している。

また、中部電力と大阪ガスは、首都圏において、電力・ガス・暮らしやビジネスに関わるサービスの販売事業を行う新会社のCDエナジーダイレクト（CDE）を2018年4月に設立し、需要家へ電力・ガスの販売を開始している。

需要家を囲い込む方策としては、エネルギー系をまとめて契約することは有効であると同時に、ガス事業者の電力事業展開が最も需要家を取り込んでいる現状から、対面での営業スタイルが有効である点は明確になっている。まさに、勝ち組の形成が始まっている。

ここまで、ガスを含めたエネルギー自由化の状況及び事業者の現状の課題を中心にお話ししてきたが、次項からは新規参入者における事業のポイントについてお話をする。

図3　ガスのスイッチング状況

- 2017年3月1日～2018年11月30日分の契約先の切り替え（スイッチング）の申込件数は、全国で約161万件となっている。
- 地域別で見ると、近畿が最多だが、最近は関東が伸びている。

＜全国のスイッチング申込件数の推移＞

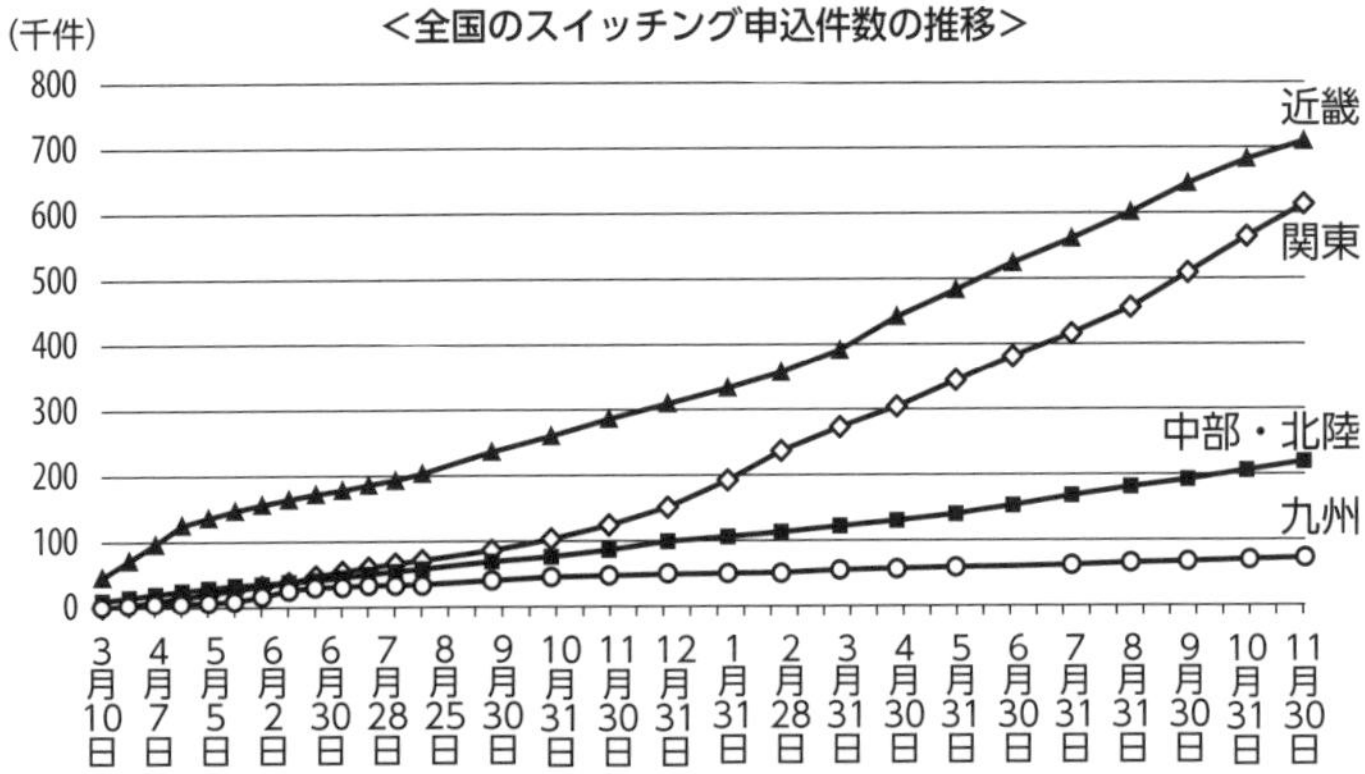

地域	申込件数【単位：件】	スイッチング率※1【単位：%】
北海道	-	-
東北	-	-
関東	613,000	4.7
中部・北陸	218,805	9.1
近畿	708,610	11.4
中国・四国	-	-
九州・沖縄	72,450	5.0
全国	1,612,865	6.4 ※2

※1　2017年3月の一般家庭等の契約件数（選択約款含む約2,538万件）を用いて試算。
※2　選択約款の契約件数を母数から除いた場合、全国でのスイッチング率は、8.2%。

出典：資源エネルギー庁　2018年12月19日　電力・ガス小売全面自由化の進捗状況について

エネルギー新規参入組に見る事業成功3つのポイント

エネルギー自由化における業界への新規参入組は、当初は増加傾向にあるが、2018年後半からすでに撤退、事業買収、取次店への事業転換等の動きが開始され、2020年以降は、この傾向はより強くなっていくと想定される。

これと並行して、中小の事業者は、よりメリットのある大きなBGに入る、または、自分たちでグループを形成する等の動きも加速していくであろう。

新規参入組の事業成功のポイントをまとめると次のようになる。

◉ポイント1　需要家の契約シェアを確保する

事業を成功させるためには、当然ある程度の需要家を確保しなければならない。同時に、事業開始の一定期間後の事業採算の確保が、事業を継続させるという点において重要であることは言うまでもない。事業コストの継続的な改善は、需要家確保と同様、事業継続においては非常に重要である。

さらに、一旦自社の需要家になった後の離脱防止の仕組みを、サービス戦略として組み立てることもポイントとなる。

とにかく、需要家の契約数を確保しないと今後事業継続が厳しくなるが、事業が大きくなると、例えば、自社で電源調達を実施しており、電力市場の割合が高い場合（ほとんどの新規事業者のパターン）は、電力市場参加の預託金が重くのしかかり、事業におけるキャッシュフローが厳しくなる。

また、相対取引での電源調達においても、自社の需要家またはBGで保有する契約電力量の大きさは、より安価な電源を調達する際の交渉力にも影響するので大変重要なファクターとなる。

電力事業は特に、電源の仕入れへの支払いが先で、需要家からの回収が後になる事業であるため、その点で需要家獲得のスピードとのバランスが難しい。ともすると買収や事業撤退または取次店等への転換のトリガーとなるので、市場取引と安定した相対取引の組み合わせは事業に大きく影響する。

◉ポイント2　コスト構造の継続的改善

事業におけるコスト構造は、電源コスト、託送料金が大半を占める。電源の調達コストは非常に重要であり、新規参入組にとっては、需要家の確保を推進しながら、交渉力を上げ、いかに安い電源を確保していくかがポイントとなる。

市場調達により電源を確保している事業者が大半を占めるが、100%市場調達の場合、市場がスパークするため、相対電源を確保してリスクを分散しておく必要がある。

別の観点ではあるが、電源コストについては、制度設計において、より市場が厚くなるような施策をとって、新規参入組が年間を通してリーズブルな価格で仕入れを行えるようサポートを手厚くしてほしいと願っている。

いずれにしても、自由化のブレーキにならないような施策を今後も期待しているところである。

一方、新電力会社間の相対電源は、自由化当初から比較すると卸供給をする事業者が増えてきている現状もあり、少量から新電力間での取引がより活発になってきている。

また、旧一般電気事業者の卸供給も、供給量のニーズによっては以前よりは受けやすくなっており、選択肢は増えている。この選択肢をうまく活用できるかも今後大きなポイントになる。

電源コストは、卸供給を含めた環境が改善されているとは言え、まだまだ課題が多く、不透明感は拭えない状況である。

しかしながら、このコストに関する継続的な改善は、事業戦略上重要なポイントになる。

託送料金は全ての事業者で一律なので、送配電事業者のあり方が制度設計により大きく変革しない限り、この託送制度も当面は変わらないであろう。

今後、地方は電力の需要が減り、また分散型電源のシェアが増えていくと、現状でエリア一律の託送料金（電力エリア、電圧種別により料金が分かれている）も、地域で細分化した料金体系になり、上昇する方向に向かう可能性が大である。

小売事業者にとって、託送料金は努力では解決しない領域であるため、今後のエネルギー自由化の進展や制度設計の動向を注視しながら、自社の事業戦略を組み立てていく必要がある。

◉ポイント3　オペレーションコストの徹底的な削減

事業を行うためのオペレーションコストは、全体のコストからすると比率は非常に低い。ただしこれは、小売事業者の方でコントロールできる領域であり、特に需要家の契約数を増やしていく段階でボディブローのように効いてくるコストであるため、実は重要なファクターとなる。

事業拡大に比例して相対コストが低下する構造を作り上げないと、事業継続は困難にな

図4　新電力の電力調達状況（2012年9月～2018年9月）

● 新電力の電力調達状況を見ると、2018 年 9 月時点において、JEPX からの調達量の比率は 45.2%、常時バックアップによる調達量の比率は 8.1 %となっている。

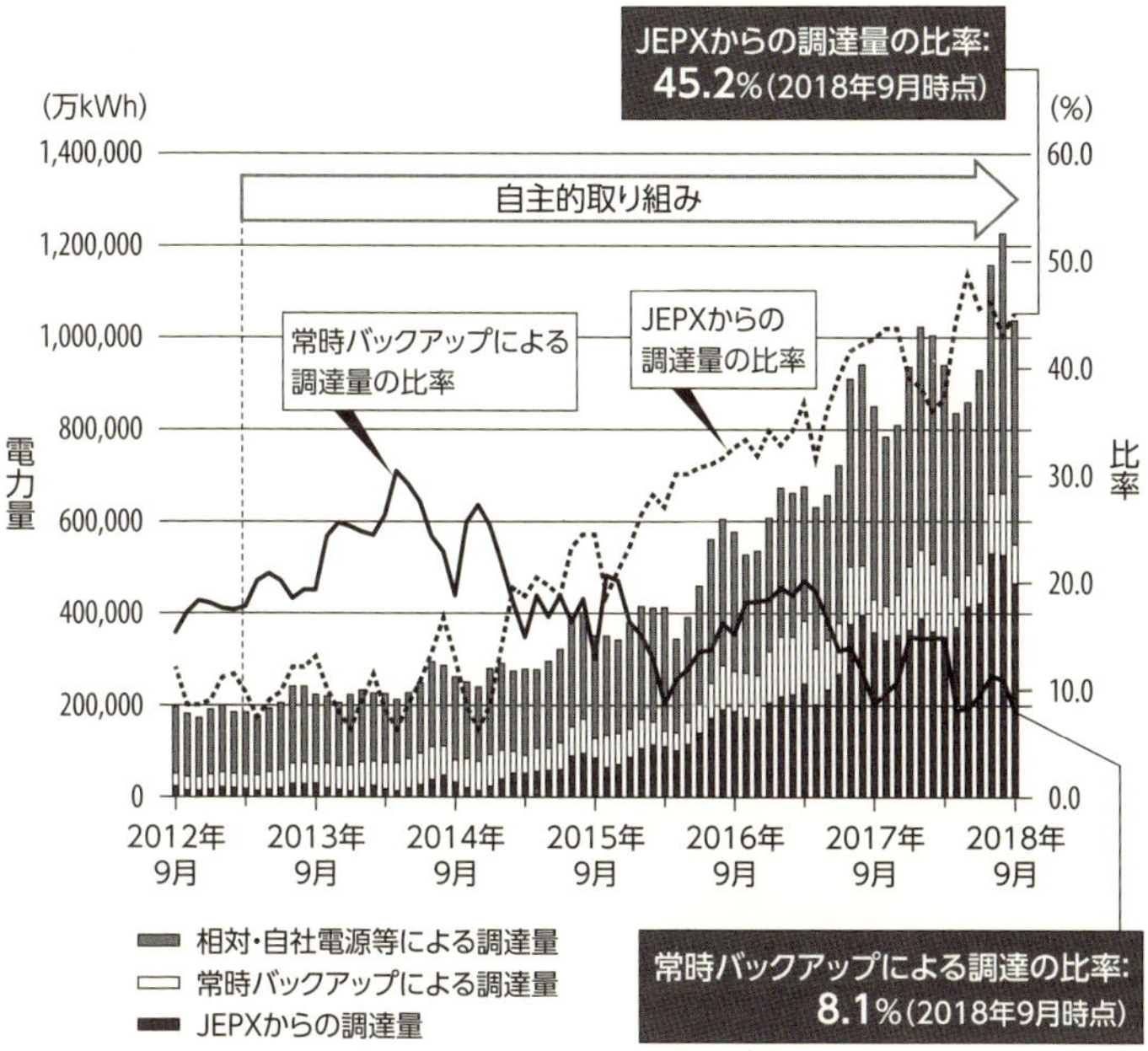

出典；経済産業省　2018年12月17日　第35回 制度設計専門会合 事務局提出資料

り、継続的な戦略展開が厳しくなる。

事業拡大のためには、オペレーションの効率化を図る必要があり、業務設計の重要性は勿論、ＩＴによる省力化・自動化は必須の要件となる。

ここからは、その業務効率化・ＩＴインフラを概観する。

勝ち組になる鍵は「業務改善」と「ＩＴインフラ」

２０１６年から始まった電力、２０１７年４月からのガスの全面自由化から2、３年が経過し、当初の電力自由化から換算しても20年経過していない業界であるため、他の業界、例えば金融業界等と比較して、ＩＴ経営の成熟度が低いことは明確である。

また、制度が変わり続けたこともあり、業務設計も一貫性を持っていない状況にある。

したがって、業務及びそれを支えるＩＴインフラも初期フェーズであり、今後まだまだ改善していく必要がある。

事業者としては、今後勝ち残るために、業務改善及びＩＴの見直しをしていくべきである。実現できれば、十分勝ち組になれる可能性がある。

小売電力事業を支える大きな業務は、顧客・契約管理・料金計算・請求の分野と、需給管理である。

需給管理業務については、自由化当初からハードルが高いと思われていたために、また電源調達をBGに委ねるケースが多かったため、結果的に外部委託の形態が多く見られる。一方で、顧客・契約管理・料金計算・請求は、電力業界特有のスイッチング業務はあるものの、自社で行う事業者も多かった。

ただし、業務の面では、各業務が分断されている状況、事業に必要なデータが一気通貫で流れない仕組みで業務を行っているケースも散見し、非常に非効率な状況も多く見られる。例えば、最悪のケースを見ると、電気の契約のための入力を、**広域機関**※1-5が用意した**スイッチング支援システム**※1-6への入力と、自社の顧客管理・契約管理への入力が別で二重入力をしていることがある。また、重要な進捗管理が社内で別のファイル、例えばエクセルで管理されていたりする。

※1-5　**広域機関（OCCTO）**
正式名称は、電力広域的運営推進機関。電気事業法に基づき、日本の電気事業の広域的運営を推進することを目的として設立された団体である。日本の全ての電気事業者が機関の会員となることを義務付けられている。
※1-6　**スイッチング支援システム**
電力の全面自由化に際して、電力託送契約の切り替えに係る各種業務（契約切り替え、再点〈引っ越し時の処理〉、廃止、アンペア変更等）を支援するため、電力広域的運営推進機関が中心となって開発したシステム。

あるいは、法人との取引の場合、商談が発生してから、見積もり、契約切り替え、料金計算・請求に至る過程でも、業務・システムが分断されており、同じデータを何度も入力しているケースも多い。

また、見積もり業務や事業収支の管理（予算実績管理や将来シミュレーション）等の仕組みもエクセル等で実施している事業者が圧倒的に多い現状もある。需給管理においても、まだまだ自動化等改善の余地は大いにある。

事業採算に直結する業務であるだけに、早期に属人的なシステムを捨て、基盤としてのシステムを確立する必要はある。

ガスの自由化において小売事業者が行う業務は、保安業務がある点が電気の小売とは大きく異なるが、基本的には前述の通り、ガス小売への対応は協業先との連携で成立しており、自らその業務を行うケースは、元々のガス事業者及びその関連会社等に限定される。業務としては、電力同様、顧客・契約管理、料金計算・請求になり、本業務を協業先の事業者と連携して実現する形になる。

このエネルギー小売事業を支えるＩＴの面では、自由化当初は選択肢が少なかったこともあり、高額なシステムを導入してしまい、明らかに事業採算とのバランスが取れていないような状況も見受けられる。

特に、大手新電力は、大きなＩＴ投資に悩まされている状況であるが、一度導入してしまったシステムが累積して巨額の投資になっており、なかなか入れ替えるに至っていない。

小売事業では、業務の継続的な改善が行われており、その業務を支えるＩＴ投資も継続されている。ＩＴ投資は、一時費用及び改修費用に比例して保守費用が膨らむため、大きな負担になっている事実がある。

また、思い切った決断をして入れ替えを実現した事業者でも、結局大手や準大手のＩＴベンダーのシステムを再度導入しているケースもあり、冷静に見ると大きなコストの改善ができているか甚だ疑問に思う場面も多い。

さらに、ＩＴ導入までに、業務ノウハウのないコンサル事業者等を入れてしまい、結局システム投資に失敗している例もある。

大手の一部及び準大手の事業者は、さほどＩＴ投資が負担になってはいないが、それでも適正なコストとは言えず、まだまだ改善の余地はあると考える。

ガス対応のシステムは、広域機関等のシステムがないため、協業先とのデータ連携を中心に構築していくことになるが、現在参入事例が少ないこともあり、システム導入の選択肢は少ないと言える。

ただし、この分野でも、電力事業参入時の反省を生かしてシステムの導入を進めていかないと、事業採算に大きく影響するような事態を招きかねない。

参入事業者において、現状では業務の仕組みもＩＴの仕組みもまだまだの状況であり、今後早期に改善をしていく必要がある。

ＩＴベンダーに振り回されることのないよう、最適な業務、つまり分相応の業務の仕組みとそれを支えるシステムを見極める必要があり、それにより事業上重要な収支管理等の仕組みや本来もっときちんとシステム化するべき分野への投資を実現すること。これが、よりベストな基盤を構築できる近道であることは言うまでもない。

次章からは、業務及びＩＴの重要性をより深くご理解いただくために、エネルギー事業者の参入・サービス方式について、見ていくことにする。

第2章
エネルギー事業者の参入・サービスの現状と今後

▼▼▼

エネルギーサービス事業の参入にも、さまざまな方式及びその参入を支えるサービス提供がある。本章では、その概要と実態について詳細に解説し、今後の予測にも言及する。

新規参入のハードルが下がる、サポートサービスが増加

小売事業を検討するに際しては、基本的な事業戦略を立案することは当然であるが、電源の確保、内部の体制構築を前提としたライセンスの取得、外部の事業者との提携、連携を含めた小売事業の業務組み立て、継続した戦略の見直し等を考慮しておく必要がある。

小売事業のライセンスを取得する事業者は、電力の需給調整に係る需給管理業務と需要家からの苦情等の問い合わせに対応する体制を確立する必要があり、これが新規参入組が事業展開や戦略を検討する際のハードルとなっている。

また、媒介店や取次店を展開する事業者も、需要家に向けた体制は、協業のやり方によってはある意味ライセンスを取る小売事業者と同等の体制を取る必要がある。

ライセンスを取得するに際して、限度はあると想定するが、事業の規模は問わないというのが経済産業省や**電力・ガス取引監視等委員会**[※2-1]のスタンスなので、例えば、自社の本社や拠点に限定して、高圧の小売供給を行う前提でコンパクトにビジネスを開始する方法もあり、最初の事業フェーズでは、このようなスモールスタートを取ることも可能である。

各事業者は、①ＢＧを形成し、大手事業者またはＢＧ専業事業者を代表契約者として、

電源供給元の確保及び電力の需給をコントロールするケース、つまり、小売事業者は販売のみに注力するケース、②小売事業者が単独で電源調達を行い事業を実施するが、定型の需給管理業務のみ委託するケース、③小売事業者が全て単独で行うケース、④バーチャルＢＧ（電源調達及び需給管理は委託するが、独立した小売事業者として事業を展開する）を利用して事業展開をするケースがある。

③のケースは、従来、高圧分野を展開してきた相当な体力がある事業者か、本格的な事業展開を考えている大手企業をバックにした大手新電力、または、電力事業に志を持って参入する独立系新電力、ニッチ市場を狙うベンチャー系新電力、地域新電力会社の一部がカテゴライズされる。

④のケースは、市場取引代行等のサービスを利用し、電力市場参加への預託金のハードルを下げると同時に、ＢＧ参加へのリスク（連帯責任方式）を回避する方式となり、需給管理等も委託方式や単独方式が選択できる。

※２－１　電力・ガス取引監視等委員会
電力・ガス・熱供給の自由化にあたり、市場の監視機能等を強化し、市場における健全な競争を促すために設立された、経済産業大臣直属の組織。

◉BG参加の無難な参入組

電源調達はもとより、顧客管理系の業務システムサービスの提供を受けるケースもあり、必要な業務システムを含めて用意してもらえる点と、需給管理業務から解放される点で、新規参入のハードルを下げている。このケースは、自由化当初は多く選択されると想定されており、実際多くの新電力が取った方式となる。

さらに、BGの取りまとめ事業者によっては、インバランスリスクを電源供給のコストに乗せて吸収するというサービスを開始しているところもあり、小売事業者にとっては、仕入れコストは通常より上昇するものの、電源コストの変動リスクが回避でき、当初の事業展開を検討する上でハードルが下がるため、有力な選択肢の一つとなっている。

参加を決めた小売事業者が自ら確保した電源を持ち込めるBGもあり、その点から選択されているケースもある。

BGを構成する大手新電力には、業務やITの仕組み毎にサービスを提供し、システム開発等にかかった自社の投資コストの早期回収を図ると同時に、中小規模新電力の囲い込みをする作戦を取るところも出てきている。

ただし、前章でも記述した通り、大手電力会社については、大きなシステム投資をしているため、サービス費用も一般的には高止まりしており、参加事業者の事業採算に影響を与えることになる。この観点から事業の方向性の再検討をする、つまり、BGの変更を検討する事業者も出始めている状況である。

最近では、BG同士の競争も激しくなっている。業務やシステムなどのサービスが非常に安価な費用で利用できる提案がなされているケースもあり、傘下の小売事業者・取次店等の争奪戦が繰り広げられている。

◉戦略を考えた参入者

ハードルが高い需給管理の業務のみを委託し、顧客管理体制や仕組みを自ら構築する方式である。

自社の重要な顧客資産を守るという意味においてベストな選択となる。電源調達を自ら行うケースとバーチャルBG的なサービスを利用するケースがあるが、需要家の契約シェアを確保できた時点で、電源確保の自由度を上げておく点においては、リスクは伴うが良い選択となる。

この場合、需給管理業務の委託費用はかかるが、顧客戦略の変更等事業の自由度は高くなる。業務のみの委託ではなく実際には電源調達も合わせてサービスを受けるケースが多

図5　小売事業者の販売方式イメージ

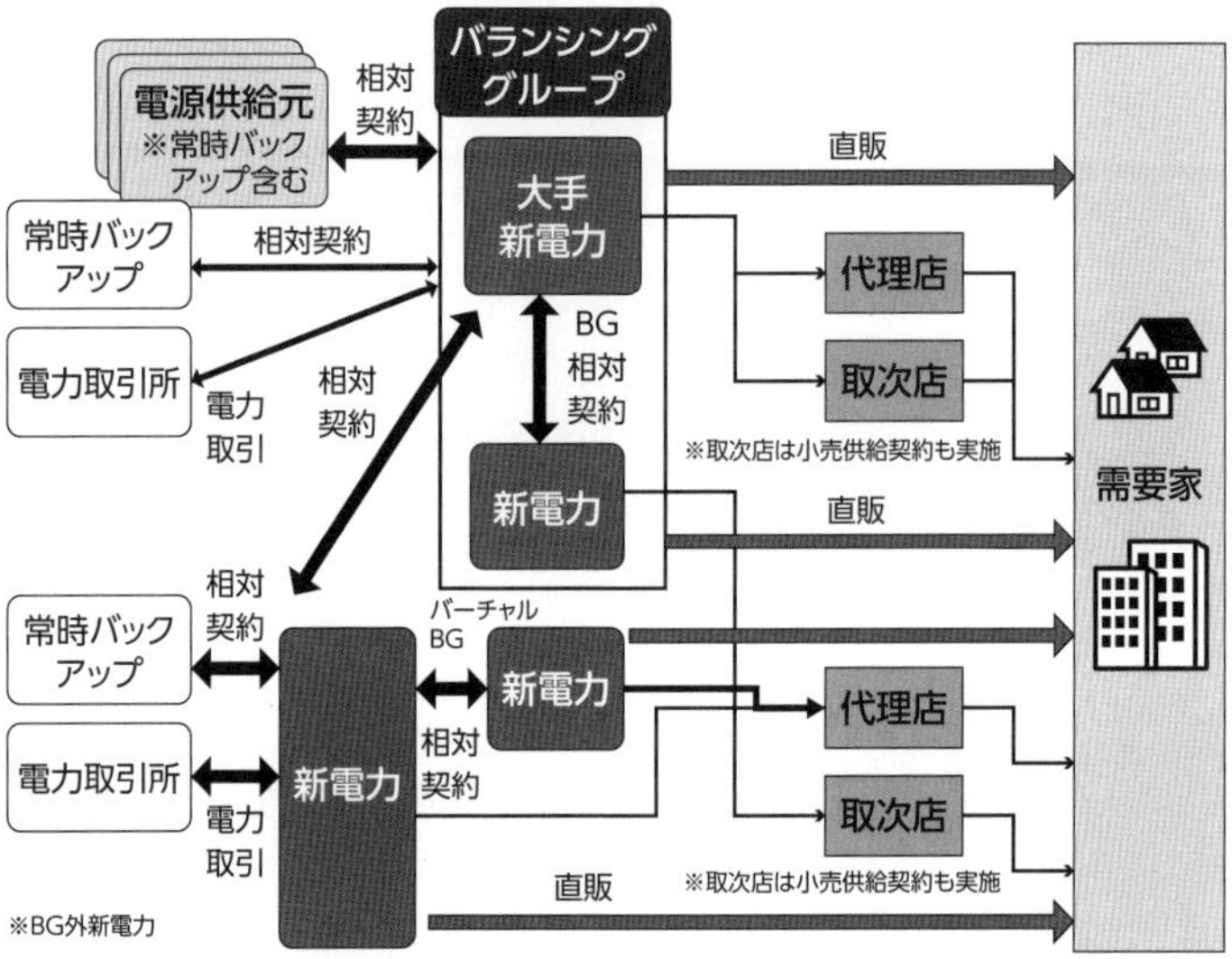

いのも事実であるが、需要家のサービスの戦略を、柔軟にできる仕組みを確立することは、今後の業界変革への対応上は、優位性を確保することになる。

◉単独での戦いに挑む勇敢な戦士

小売事業者にとっては、想定通り需要家を獲得できる見込みができた場合、電力事業を長期的に継続する見通しが立つため、需給管理等の体制を自社で組み立てることが可能になる。

当初の事業フェーズより、需給管理業務を一旦アウトソース（業務委託）するかの選択はあるものの、B

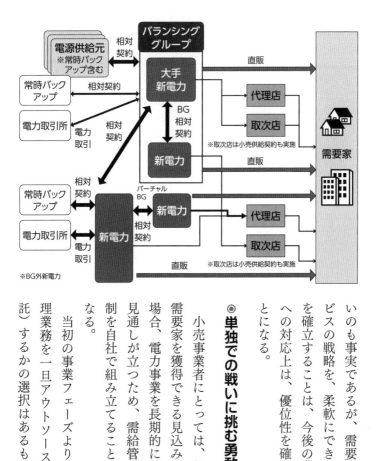

Gの中で事業をするのではなく、複数の電源供給元から卸供給を実施してもらった方が、リスクは伴うが収益率を上げる機会を得ることになる。

ただし、中小の事業者がこの方式を取る場合、実際には電源調達面では苦労することになり、一定量の卸の契約電力を確保し交渉に臨む必要が出てくるため、グループを形成する等の工夫は必要と想定される。

また、実際に、想定通り需要家の確保ができていないケース等、単独では事業継続が難しくなっているケースも出始めている。

◉賢いサービス選定の後発グループ

自由化の初期にはなかったが、新電力にとってはハードルとなる市場取引への直接参加と需給管理等を実質的に回避できるサービスを利用する事業者である。

小売事業から見ると、それぞれが独立した事業者であるが、市場取引は代行して供給してもらえるため、卸供給と同じ効果となり、市場取引のための預託金先出しのキャッシュの問題が解消される。

また、需給管理業務も委託できるため、さらに便利なサービスとなっている。このようなサービスは、新規参入事業者にとっては、非常に利便性・メリットのあるサービスであ

図6　新電力のバランシンググループの推移（東京区域）

- 東京区域の需要バランシンググループ※（BG）は、**2018年12月時点で39 に増加。 各BGは平均5者で構成**され、11者を超える小売電気事業者から構成されるBGが4つある。

  ※複数の小売電気事業者から構成される需給調整の単位。小規模の事業者が個別に需給調整を行う場合に比べ、効率的かつ安定的な需給調整が期待できる。

- 2018年12月時点で**BG加入の小売電気事業者は196者**となっており、これは東京区域で販売実績のある小電気事業者**215者(2018年8月実績)の約91%に相当**。

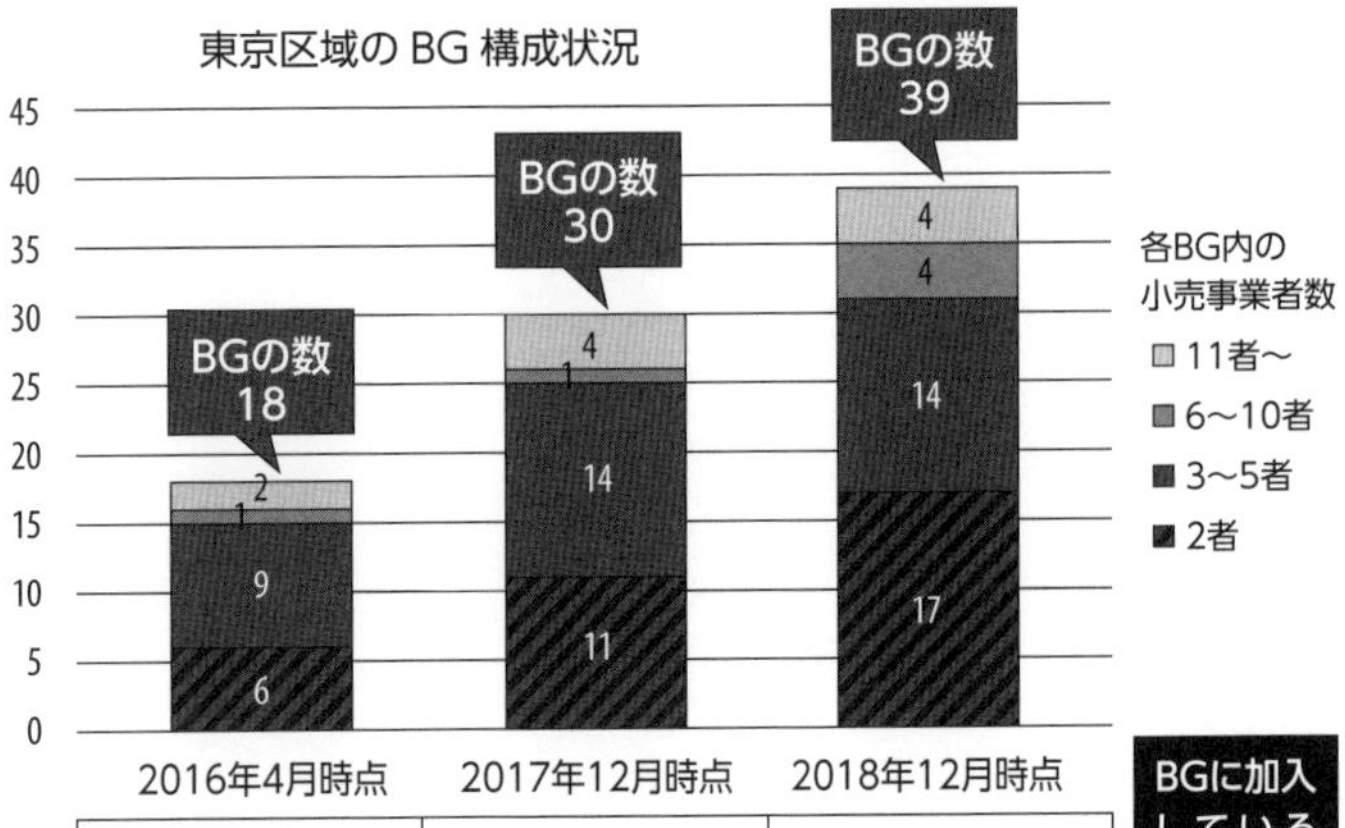

2016年4月時点	2017年12月時点	2018年12月時点
91者	155者	196者

※ BG は2者以上で構成している需要 BG のみをカウントしている。

出典：資源エネルギー庁　2018年12月19日　電力・ガス小売全面自由化の進捗状況について

り、利用する事業者は増えると予想される。

ここまで、事業の参入方式を概観してきたが、自由化当初より参入に関わるサポートサービスの選択肢が増えており、事業参入のハードルが下がってきている実態がある。

次項では、業務のアウトソースをどう判断するべきかについて言及する。

選択肢が増えつつある、業務のアウトソーシング

業務をアウトソースする上で重要視すべき点は、顧客管理業務を自ら行うべきかどうかということである。前述の通り、小売事業を支える業務は、大きくは顧客管理と需給管理になるが、この二つの業務にはさまざまな選択肢がある。

需給管理については、システムを導入しても運用する体制・人員確保の課題がクリアされないと実際には運用できないため、当初は外部に委託する、または、BGに入るという選択は、一つの方向性であると考える。

ただし、最近ではシステム導入コストが飛躍的に低減され、月額20万円以下で利用できるサービスも出てきている。かつ、自動化の仕組みにより体制面も検討しやすくなってい

るため、選択肢は増えている。

顧客管理業務は、別の観点で考える必要がある。コールセンター等の体制を、外部委託をせず自社のみで構築することは厳しい判断であるが、電源を保有しない大手新規参入組の強みは、通常自社の既存事業で築きあげた顧客基盤であるため、この部分は自社で構築するべきである。

顧客窓口の体制も、当初の少ない件数を処理する程度であれば、内部でも十分構築できる。しかしながら、はじめから個人契約が大量件数想定され、その受付業務を実施するとなると、現業でコールセンター等の体制がない場合は、現実的には業務自体を外部委託することも検討しなければならない。

また、電力等の受付業務に長けた外部のサービス事業者を利用した方が、効率的で安心感もあり、安価なサービスを利用することも可能になっている。ここでも、十分委託コストを熟考する点は言うまでもない。

顧客管理業務をどう組み立てるかは、小売事業に関する自社戦略を自由自在に変化させていく上でも、非常に重要な事項となる。

さらに、需給管理業務も、前述の通り、電力自由化当初と異なり、多少のコストは必要となるが後述する自動化機能が充実した需給管理専用システムを利用すれば、業務は確立できる。

立ち上げ支援を1カ月弱の短期間受ければ、通常の定例業務立ち上げはできてしまうものであり、後は需要予測・市場取引・ポジショニング等のスキルを積み上げればよいことになる。

結論としては、外部サービスも含め業務及びそれを支えるシステムの選択肢は自由化開始時点より格段に増えており、自社にあった最適なスキームを組み立てることができるようになっているので、従来の情報や考え方にこだわる必要はないということである。

ライセンスを取得せずに参入できる、代理店・取次店方式

ライセンスを取得せずに本事業に入るケースが、代理店・取次店になる方式である。代理店方式は、比較的短期間で需要家を獲得していく方式として利用されており、需要家の申し込みさえ取得できればよいため、代理店報酬に魅力があれば、小売事業者と代理店側共に相当な相乗効果をもたらすと言える。

最近では、小売事業者側が、申し込み受付入力等を代理店に要求したり、そのシステム利用料金を徴収する方式もあり、代理店のあり方も多様化している。それと同時に、小売

事業者が代理店を選別する動きもある。

一方、高額な代理店手数料を払って、とにかく需要家の数をやみくもに集めている事業者も存在するが、最終的に収益面で厳しくなることが想定されるため、代理店も、協業する小売事業者の見極めをする必要がある。

取次店方式は、自社が囲い込んでいる需要家が多く、ブランドを大切にしたい新規事業者が選択するモデルであり、リスクを取らずに事業展開が可能である。

大手企業になればなるほど、信用の観点から事業撤退は避けたいところであり、そのようなケースでは有効な方式である。

会員組織等多くの需要家を抱えている事業者であれば、比較的容易にその内の数割の契約を取れる可能性は高く、需要家にとっても契約のハードルは低くなると想定できる。

協業を模索する大手小売事業者にとっては、非常に魅力的な相手となるであろう。

代理店は手数料ビジネスなので売り上げは明確であるが、取次店は、自社の売上計上の範囲に留意すると同時に、その点も十分検討して、事業の方向性を判断したいところである。

安いからという点のみで契約を結ぶ需要家は、次々とスイッチングする可能性が大であり、当初大量に獲得できても離脱防止が困難である。

「このサービスがあるから」という一点で、電力の契約を切り替えてくれる需要家に向けたサービスを企画・立案できることが、他業態との協業モデル及び新電力のビジネスモデルに求められており、ライセンスを自ら取るのか、または代理店・取次店方式でいくのかといった参入方式を決める上では、この点も十分熟考することが肝要である。

電力事業よりもハードルが高い、ガス事業への参入

ガス事業は、電力事業とは異なり、広域機関もなく、取引市場もなく、事業者に課せられる業務も違うため、電力ほど参入方式に選択肢がないのが現実である。

供給できるガスを保有している、保安業務ができる等が条件になるため、単独で業務ができる事業者は限定される。

したがって、ほとんどの事業者は、上記条件を満たす事業者（前述のTEAやCDEのような事業者）と提携して事業に参入することになる。

この提携方式は、利幅が薄いとされているが、現実的には、需要家からの要望が多く、電力とセット販売せざる得ない事業者が多いのではないだろうか。

電力顧客管理業務にプラスして、ガスの契約管理をしていく、セットでの収納方式を考

図7　都市ガス事業の特徴（電気事業との比較）

● 類似のインフラ産業である電力事業と比較した場合、ガス事業には以下のような特徴がある

都市ガス事業		電気事業
原料調達→貯蔵・気化→導管輸送→小売	**事業構造**	燃料調達→発電→送配電→小売
・**約5兆円**（家庭用:2.4兆円、産業用:2.6兆円）	**市場規模**	・**約18兆円**（家庭用:8兆円、産業用:10兆円）
・ガス導管の敷設は国土面積の**6%強**	**供給区域**	・送配電網が可住区域（国土の約3割）を網羅
・一般ガス導管事業者は197社と**多数** ・東京、大阪、東邦の大手以外は、**大半が中小**規模	**NW事業者数**	・一般送配電事業者は10社のみ
・地域によりLPガス、オール電化、灯油と**競合**（普及率:**約50%**） ・**保安**による制約が大きい	**他エネルギーとの競合等**	・ほぼ全ての世帯で使用（普及率:ほぼ100%）
・小口（家庭向け）は地域独占・料金規制 ・大口は**1995年から**段階的に自由化 →**2017年4月1日から**小売全面自由化	**小売規制の変遷**	・小口（家庭向け）は地域独占・料金規制 ・大口は**2000年から**段階的に自由化 →**2016年4月1日から**小売全面自由化
・ガス導管は各地域で許可された都市ガス会社が地域独占で整備	**ネットワーク規制**	・送配電網は各地域で許可された電力会社が地域独占で整備

出典：2018年9月20日 資源エネルギー庁　ガスシステム改革の現状と今後の課題について

えていくことになり、協業先との業務連携の仕組みを構築することになる。

今後、新規参入組において、主戦場は、B to C、B to Bの低圧・高圧分野の超小口需要家の獲得に移っていくと想定され、独自の顧客管理・戦略は益々重要になる。

顧客管理では、独自性のある差別化サービスを展開する上で、自社戦略の変更に自由に追随できる仕組みが必須であり、これは同業他社の仕組みを丸々利用せず、自社で組み立てるべきである。

ガスに関しての新規参入の事業会社は、当初、業務や仕組みを他社任せにするしか選択肢はないが、中長期的なビジネス展開が可能と判断できた段階では、自社内でできる部分は業務・システムを持つべきである。それが協業先の選択肢を増やすことになり、事業戦略を後押しすることになるであろう。

低圧市場への参入に見るエネルギー事業のターゲット

ここまでは、新規参入組の参入の形態と業務のアウトソースの考え方、代理店・取次店方式の選択について概観したが、この項からは、新電力のターゲット、チャネル及びサービス、特に低圧市場について解説していく。

各社のチャネル戦略を概観する前に、各社が狙うターゲットについて見ていく。

2016年4月電力自由化開始時点では、安定供給等への不安や、マスメディアの慎重論もあり、需要家のマインドがスイッチングに一斉に向かない時期もあった。しかしながら、時間の経過と共に、ある程度需要家の理解は進んでいると想定できる。

□個人低圧

一般家庭については、月間及び年間の電力使用量が、旧一般電気事業者（現行電力会社）の標準的料金における従量料金の第三段階に達している需要家層（例：月間300kWh後半から400kWh以上、年間4000kWh以上）をターゲットにする事業者が多くなっている。

第三段階に達する電力を使用している需要家は、旧一般電気事業者において収益性が最も高い層であり、オール電化の客層等の一部を除き、新電力各社の主要ターゲットになっている。

ただし、家庭用料金メニューの需要家の比率の推移を見ると、ここ10年間（2016年までのデータ）では第三段階の比率は、約40％から30％に低下しており、第一段階の比率は、21％から30％に推移している現状もある。

一方で、使用量が少ない層の需要家数を確実に押さえていく事業者もある。この方式にも、当然代理店・取次店モデルが多用されている。

需要家のターゲットの一部は一人世帯や二人世帯であるが、賃貸事業者等獲得コストがゼロに近いモデル、または、一律5％安くなる等の使用量によらないモデル（例：契約アンペア制限なし、基本料金なし）等がある。

賃貸事業者は、転入時点で顧客獲得が確実にでき、その獲得コストが実質ほぼゼロで事業を展開しているため、一定期間に安定的シェアを確保しやすい。また、一律で安い料金モデルでの事業展開も、使用量の少ない需要家からはハードルが低く、料金設定がわかりやすいため、マスの需要家を広いエリアで獲得しやすくなる。

一方、上記のようなモデルは、オペレーションコストを十分に削減できる仕組みにしないと、そのコストが非常に大きくなり、事業採算を取ることが難しくなる点で、注意が必要である。また、ある程度ターゲットを絞らないと、契約数は伸びても収益が上がらないモデルとなる。

□法人低圧

50kW以下の低圧電力という料金メニューを利用している商店や中小企業をターゲットに

する事業者もある。営業が対面で日々訪問しているような事業者（例：通信・回線販売事業者、事務機器の業者）が参入しており、代理店方式も駆使しながら、契約数を伸ばしている。

高圧の市場が、旧一般電気事業者の巻き返しを受けている中で、法人低圧の分野は各事業者が方向転換をする先として有望な市場となっている。

□エリア特性

エリア毎では、連系線のない沖縄では電源確保の問題があり、連系線は存在するが実質的に電源確保上支障のある北海道、元々電気料金が安い北陸地区等では新電力の進出が希少なところもあり、該当するエリアをビジネスチャンスととらえるか、他の新電力と横並びのスタンスを取るか、新電力会社の戦略が問われるところである。

沖縄エリアでも、発電所建設を予定して進出している事業者も現れており、無風地帯の市場が、今後いよいよ本格的に動いていくことになる。

沖縄地区で圧倒的に営業力を持った事業者も存在し、協業先の電源確保ができた時点で本格的に攻勢をかければ、大きなシェアを取ることは確実である。

これ以外でも、比較的参入が少ない四国等のエリアを含め、一部の新電力が進出してお

図8　従量電灯の契約アンペア別口数分布（東京電力管内）

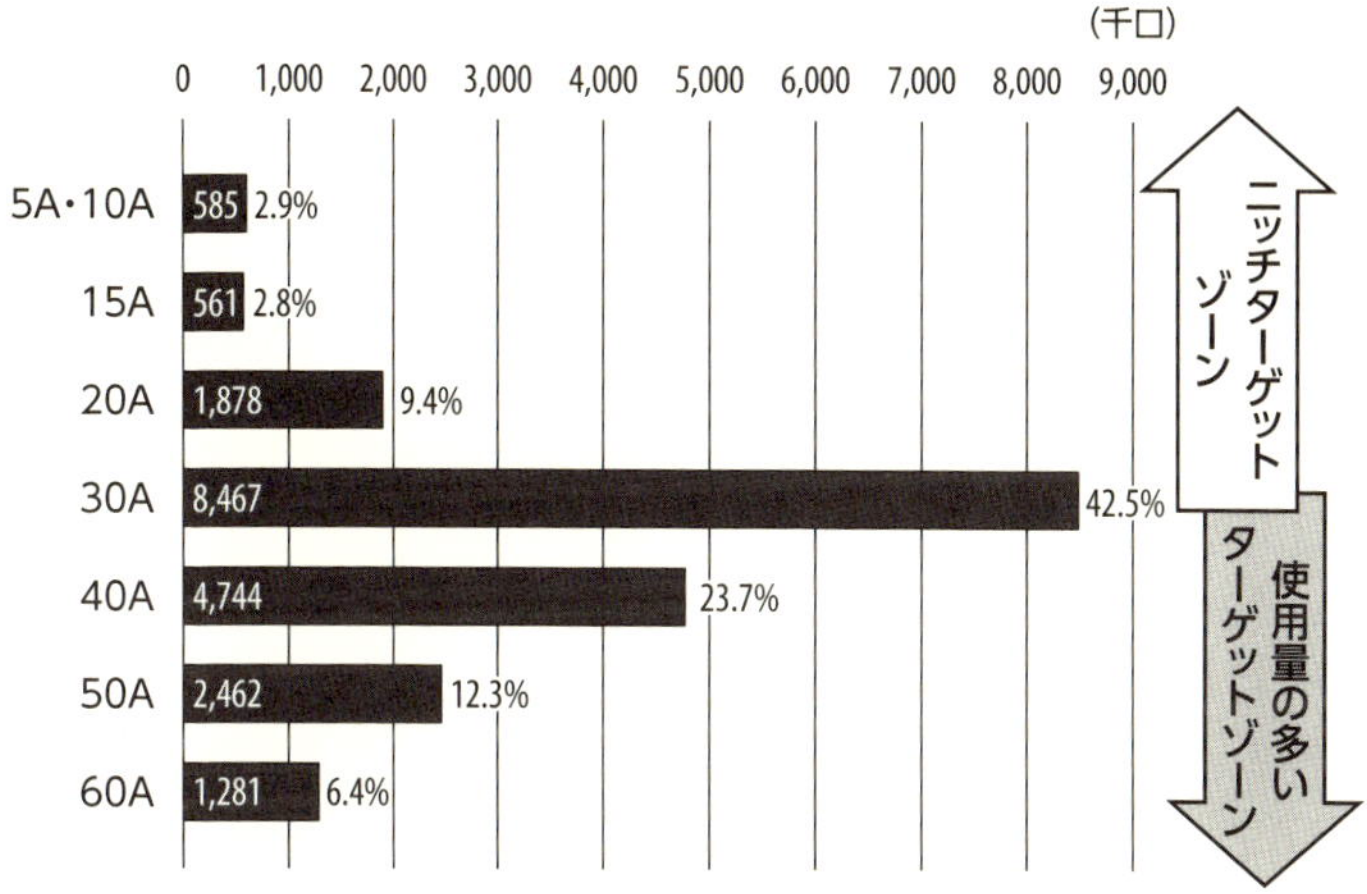

出典：経済産業省　　※契約口数は平成23年度末時点。

り、ほぼ無風地帯での小売戦略を展開している。

また、地方では、地域新電力なる勢力もピンポイントのエリアで需要家獲得に動いており、地域独立系事業者だけではなく、旧一般電気事業者や大手ガス会社または新電力会社がそのバックで支援するような構図も生まれている。

事業者のターゲットは、特に新規参入組については、個人低圧、法人低圧がメインターゲットになっていくことは間違いなく、海外でも低圧が自由化のメイン市場になっている。

未開拓エリアについては、地域新電力や別のサービス事業者等とのコラボを含めてどう攻めていくのかを検討していくことになるが、分散型エネルギーの方向性やそれに付随するサービス展開もにらみながら、対象エリア・ターゲットを絞り込んでいくことになるであろう。

小売事業者の「3つのチャネル」とその特徴

次に各プレイヤーのチャネルについて、体系を整理し、それぞれのモデル毎に見てみることにする。

□BtoCモデルの体系

① 店舗モデル

店舗を保有する流通小売事業者、賃貸事業者、携帯電話会社、石油会社等が行うメインのモデルであり、対面の強みを生かし、需要家数において一定量のシェアを獲得している。このモデルでは、店舗からWEB申し込みに誘導するケースも含まれる。

② WEBモデル

このチャネルとしての導線としては、ターゲットや仕組みを十分検討して、組み立てる必要がある。入り口がインターネットであるため、比較的若い世代を含め60代の層で、ＩＴリテラシーが高い需要家となるが、ニッチなサービスや電力以外に魅力あるサービスとのセットを確立して集客ができれば、需要家の獲得はそれ程難しくはないと想定できる。

少し古いデータではあるが、２０１７年における個人の年齢階層別インターネット利用率は、13〜59歳は各階層で9割を超えている。また、60〜69歳で73・9％、70〜79歳で46・7％という状況であり、チャネルとしては十分活用できる。

今後、日本ではさらに高齢化が進むとは言いながら、Amazon Echo、Google Home、LINE Clova のような音声認識・操作のアシスタントサービス等の利用が開始されれば、よりチャネルとしての有効性は増していくと想定できる。

ただし、実際の導線を検討する場合は、需要家がメールアドレスを持っているか等の実質的なＩＴリテラシーのハードルがあり、かつ、利用明細等のペーパー発行対応、収納方法の紙での申し込み等、需要家が望むサービスレベルの差が存在するため、このモデルでもＷＥＢとは違う導線での業務フローの組み立ては必要となる。

ＷＥＢの仕組みからコールセンターに誘導するケースもあり、BPO※2-2を含む仕組み作りも必要となるケースがある。

③　訪問モデル

店舗系と同じく対面営業モデルであるが、訪問するところが異なり、需要家からすると親近感や安心感があり、スイッチングしやすいことが想定できるモデルである。また、申し込み情報の元になる検針票やご利用明細等の情報も、その場で比較的容易に確認・取得できることもあり、申し込み後の業務フローもスムーズに実施できるメリットがある。

自由化初期から比較的順調に需要家の獲得数を伸ばしている有効なモデルである。ただし、明確にクーリング・オフ対象となるので、その点を考慮した仕組みを構築する必要がある。

代表的な事業者はガス会社やプロパン事業者であり、リフォーム事業者やデリバリー事業者等、既存サービスで需要家を訪問している事業にも参入の余地はある。

また、後述するが、低圧分野（従量電灯のメニュー以上の需要家：中小事務所、工場、商店等限りなくB to Cに近い）をターゲットとした、通信事業者や複合機メーカー等の存在があり、代理店を含めた低圧小売の独自モデルを展開している。

④　ニッチチャネルモデル

入り口としてはさまざまであるが、現行のサービス向上を訴求してスイッチングするケースとしては、他業態が自社サービスのファンを取り込むモデルが想定され、個人の趣味嗜好に合ったサービス特典が、その事業者から電力を購入するインセンティブになることが考えられる。この分野には、宗教や芸能といった分野も当然含まれる。

会員組織が、イベントやSNS等を駆使して集客する方式や独自のスマホアプリや前述したAmazon、Google、LINE等が展開しているアシスタントサービスから申し込む方式が想定される。

このモデルもハマれば、10万件超えの需要家契約を一気に獲得できる可能性は大である。

⑤　複合モデル

マーケティングコストを最小限にするために、WEBをベースに、コールセンターのインバウンド・アウトバウンドを駆使して、集客を図ろうとするモデルもある。このモデルの場合、コールセンターのコストをいかに抑制するかが勝負となり、例えば

※2－2　BPO：Business Process Outsourcing
ビジネス・プロセス・アウトソーシング。企業運営上の業務やビジネスプロセスを専門企業に外部委託すること。

クラウドソーシングのサービスをアウトバウンド等で利用する等工夫する事業者が出てくると想定される。当然、アウトバウンドの場合は、クーリング・オフの対応を考慮する必要はある。

また、元々他事業におけるサービス対応のコールセンターやBPOサービスを展開していた事業者が、自ら小売事業に乗り出すケースもあり、自社の本業との相乗効果を上げている。

□ BtoBtoCモデルの体系

このモデルは、あまり多くは展開されていないが、BtoBの取引先の従業員や家族に対して、サービス展開をするモデルである。

また、従業員への福利厚生の観点や給与天引きでの対応等、回収効率化の観点から、他のサービスを付加しやすい。

さらに、請求金額に応じたポイントを福利厚生の何らかのサービスにして還元する等で、電気料金を安くせずに、別の形で訴求するようなモデルも考えられる。

今後はこのようなモデルを展開する事業者、また、このサービスを支えるプラットフォームを提供する事業者も出てくるのではないだろうか。

□ＢtoＢモデルの体系

Ｂ to Ｂは、現状では対面モデルが基本になると想定されるが、すでに新しいチャネルでの販売モデルも出てきている。

法人低圧を中心とした代理店・取次店方式である。従来の高圧分野は、競争が激化し、みなし小売事業者が巻き返しを図っている市場であり、今後は益々、高圧小口の底辺及び法人低圧のモデルが主戦場になっていく様相である。

本事業モデルは、既存の企業向けサービスをベースに営業を展開するモデルであり、通信機器、複合機等のサービスをしている事業者や、ビル管理等の仕組みを提供してきた事業者がある。

さらに、一つの業態に強力なコネクションを持った特化型の事業者の参入や、特定業種の電力需要に合致したメニューを戦略的に提供することも開始されており、ニッチマーケットでの一人勝ちを目指している。

全面自由化後、低圧自由化の動きに触発され、高圧の需要家も電力会社を改めて検討する動きが続いている。特定業態で広くシェアを保有し、Ｂ to Ｂの信頼関係が構築できている事業者等も、スイッチングのハードルを低くすることが容易なため、この機会に電力事

図9　小売事業者のチャネルについて

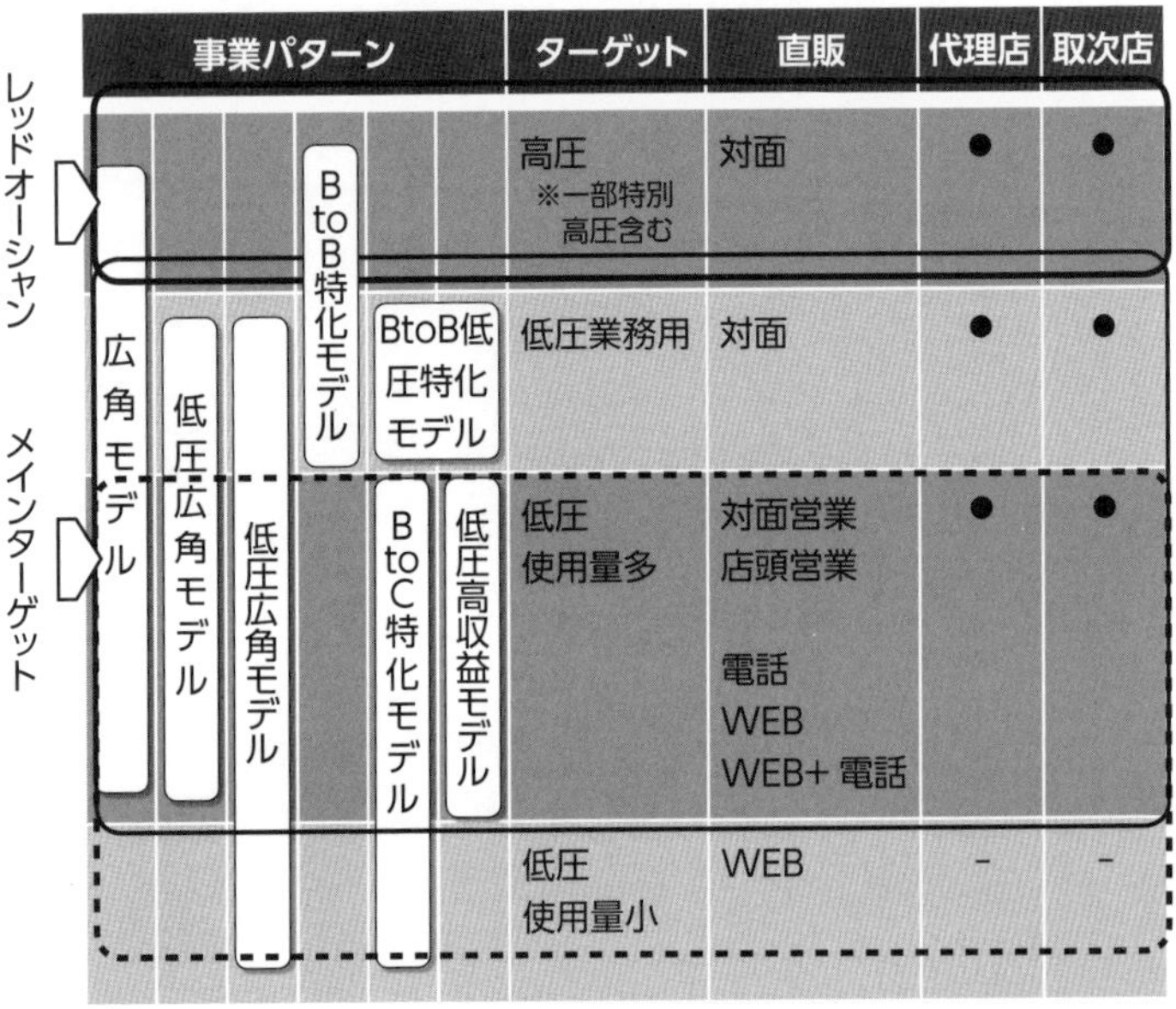

業を開始している。ただし高圧分野は、全面自由化当初より旧一般電気事業者の逆襲等で競合が激しくなっており、徐々に事業の継続が難しくなりつつある。

店舗・訪問等のチャネルは、既存での直販ができる、つまり、需要家へのチャネルを保有している新電力が取り得るモデルであり、訪問系のモデルは有効性が証明されている。

また、小売事業を直販で実施するのか、取次店または代理店方式で実施するのかも判断する必要がある。

自社のチャネルの現状を、代理

店や取次店になりうる取引先も含めて十分に分析して、最終的な方式を決める必要がある。

サービスが尖っていれば、WEBやコールセンターでも十分な集客はできると考えられるので、サービス戦略を含め事業全体を組み立てることが肝要となる。

次項からは、そのサービスの現状についての概要を見ていく。

低圧の小売事業者が他社との差別化を図れるサービスとは

低圧の小売事業は、薄利多売の事業モデルであることから、料金以外のところでサービスを打ち出し、いかに需要家にメリットを感じさせるかが最大の焦点であり、事業者にとっても長続きするための条件となる。

現状では、下記のようなサービスに大別できるが、今後、より画期的な、他業態を巻き込んだサービスが出てくるであろう。

① 旧一般電気事業者より少し安価にする。

② 他のサービスとのセットで割引する。

③　他社のサービスのポイント・割引等、特典を付加する。
④　自社サービスのポイント・割引等、特典を付加する。
⑤　独自サービスを付与する。
⑥　全く新たなサービスを展開する。

①のパターンは、従来の高圧事業者を含め多くの新電力会社が行う手法であるが、旧一般電気事業者の料金戦略に振り回されることになり、長続きはしないと想定される。

実際に、2016年1月以降旧一般電気事業者から、新メニューが新電力対抗として相次いで発表され、新電力としては戦略の見直しをする必要に迫られたことがあった。単に安くするというモデルであるが、旧一般電気事業者が、第三段階の料金を下げてきた場合、多くの新電力がターゲットとしている層（多くの電気を使っている需要家層）であることもあり、競争は激しくなり、サービスモデルの維持は厳しくなっていくことは容易に想像できる。

②のパターンは、石油事業者、ガス事業者（プロパンを含む）、通信事業者、賃貸事業者等さまざまな業種によるサービス展開が考えられているが、当初は需要家を獲得できたとしても、セット割りの原資の維持・継続が難しいと考える。

ただし、プロパン事業者等に代表されるように本業の事業である程度収益が確保できており、需要家獲得において、電気事業における多少の持ち出しの覚悟があれば、中長期的なサービス継続可能であろう。

③のパターンは、需要家にとっては、より広い分野でポイントが利用できる（多くのパターンはこれに相当する）という点で大きなメリットがあるが、広く普及しているポイントサービスは競合他社も実施しやすい。かつ、自社の売り上げ拡大に直接的に大きく貢献できるモデルではないため、また、需要家から見ても大きな差別化の要素とはなり得ないため、電力事業のみの観点でとらえると、中期的にも大きな差別化になりづらいと考える。

④のパターンは、自社サービスの利用（例：店舗での需要等）を促すサービスモデルである。自社の売り上げに大きく貢献できるモデルであり、その事業者のリピーターであれば、間違いなくスイッチングの大きな動機になる。

例えば大手流通小売や主婦層を狙ったスーパー等で、ポイントの倍率を上げる等、店舗での消費に特典を付けることにより、ターゲット層の需要家獲得が確実にできるモデルとなり得る。

⑤のパターンは、新電力事業者の中でも少数派であると同時に、当初よりニッチマーケットをターゲットにしている。

図10　小売事業者のサービス戦略

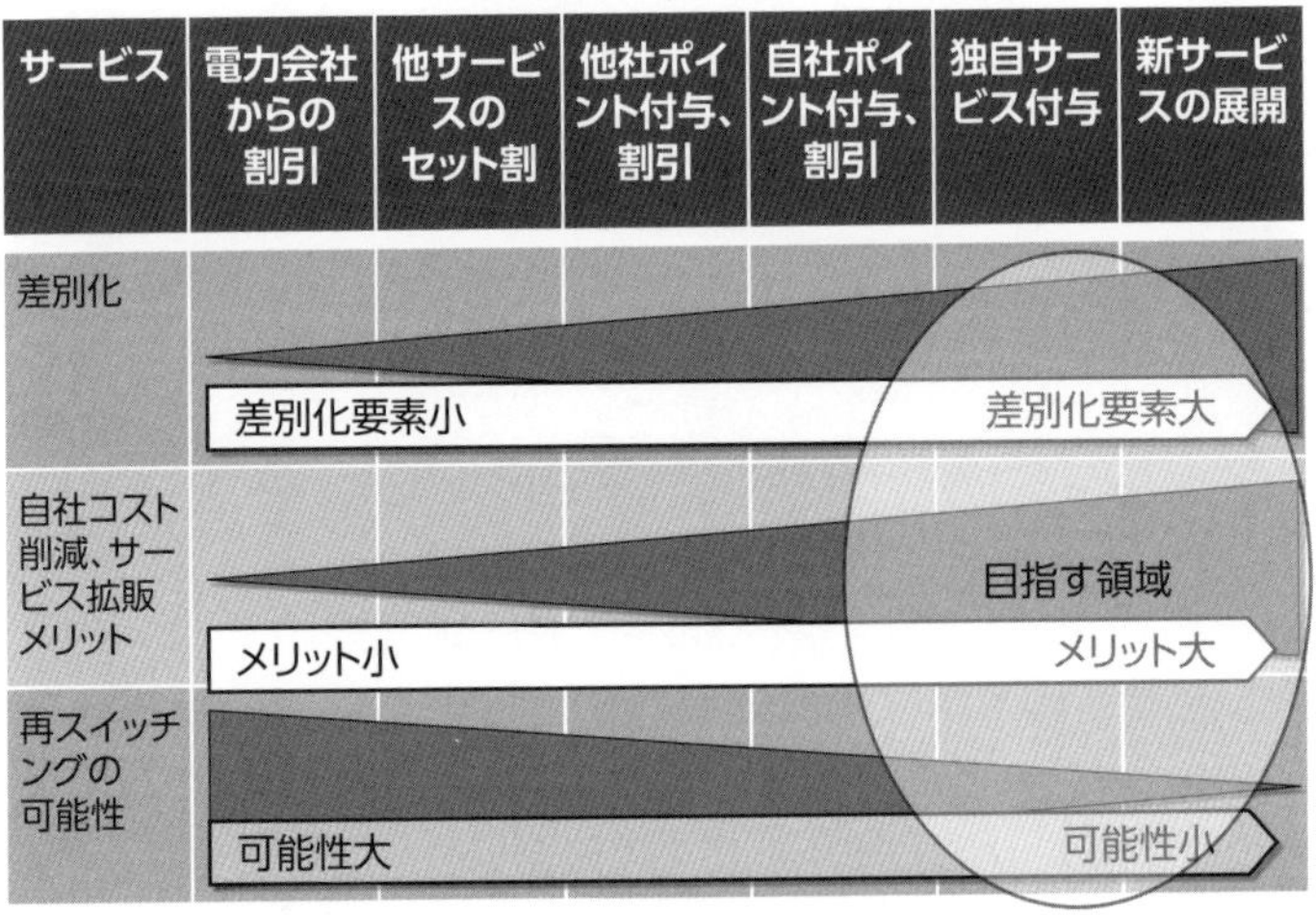

例えば、特定のファン層をターゲットにしたサービスや、再生可能エネルギー特化モデル、地産地消の電力モデルや、ふるさと納税的な発想で特産品をセットにする等、特定の嗜好を持った需要家へ訴求し、電力事業を展開するモデルである。

本モデルは、料金の叩き合いの土俵ではないところで事業展開をするため、軌道に乗れば中長期的に継続するモデルであると考える。

従来のサービスとしての類似モデルは、クラウドファンディングであり、発電所を応援するファンディング等のサービスを想定するとわかりやすい。

⑥のサービス展開は、おそらく電力とは無関係の他業態が、思いもよらないサービ

ス企画を打ち出してくるパターンである。ニッチマーケット、特定会員、ファン層、信者を取り込むようなエネルギーサービスであり、寄付モデル等と合わせて検討する価値はある。

さらに、金融商品等とのセットや定額サービス、少し高い電気を売るモデル、プリペイドの電力サービス、水道をセットにした販売モデル等も考えられる。

付加価値をつけたサービスでニッチな需要家を確保する、現行商品販売の中ですでにプリペイドを実施している、自治体を巻き込み水道を含んだサービス展開ができる状況にある等、需要家向けにサービスの差別化ができるのであれば、他社より優位になり、再スイッチングされるリスクも最小化できるのではないかと考える。

訪問販売等での現金回収（例：灯油のデリバリー等）との組み合わせで回収リスクを軽減する代わりに、電気代をセットで事前回収し、割安に提供する等のサービスもあり得ると考える。

別の話題になるが、２０１８年12月に水道法の一部が改正された。

水道事業を、自治体の所有を変えずに、民間企業が運営するというコンセッション方式の推進が可能となる。

運営が民間になると、水道料金が高くなる可能性もある。現状ですら、自治体間の水道料金の格差は約8倍になっており、条例の範囲というキャップは付いているものの今後は

20倍になるとの予想もある。

水道とエネルギーと合わせて、自治体も巻き込んだ上で、民間の知恵で業務コストを抑え、水道とエネルギーをセットで安くできれば、需要家にとっては有難いサービスになる可能性を持っている。まさに、日本版**シュタットベルケ**[※2-3]の登場である。

また、独自のインターネットモールを活用し、ポイントを利用できるようなサービスも考えられている。

エネルギーの消費や、売電（今後の**FIT**[※2-4]卒業電源がメインの対象）等のポイントを、独自モールで利用できるモデルであり、BtoB、BtoCへの訴求が可能である。

金融業界がエネルギーサービスを考えてもおもしろい。

業界的に規制があるため、直接的には難しいが、子会社を通じて資本参加し、保険や金融先物・デリバティブ等の知見を生かした新たな電力サービスができてきてもおかしくはない。

電力における先物取引等については、電力自由化の中ですでに制度検討されており、近い将来実現する可能性はある。

その取引市場ができた場合、今後、高圧分野は特に、小売事業というよりは市場取引における金融事業になっていく可能性が高い。

まだ将来の話になるが、EV※2-5（電気自動車）普及による分散型電源の活用が進むと、自動車保険とEVと家庭用電気のセット商品が出てきてもおかしくない。

また、天候状況により変動するPV※2-6（太陽光発電）を保険で補塡するような家庭用電気の商品等もおもしろいと考える。

個人宅へのデリバリーを行っている事業者やゲーム会社等もその候補であり、事業者側のメリットも加味した新たな**デマンドレスポンス**※2-7サービスやバーチャルな世界で購入でき

※2-3　シュタットベルケ（独：Stadt Werke、英：Public Utilities）
ドイツにおける電気、ガス、水道、交通などの公共インフラを整備・運営する自治体所有の公益企業（公社）のこと。直訳すると〝町の事業〟。

※2-4　FIT（Feed-in tariff）
フィードインタリフ制度。再生可能エネルギーの普及促進策における固定価格買い取り制度。

※2-5　EV（Electric Vehicle：電気自動車）
電気自動車のこと。

※2-6　PV（Photovoltaic：太陽光発電）
太陽光を太陽電池を用いて直接的に電力に変換する発電方式。

※2-7　デマンドレスポンス（Demand Response：DR）
卸市場価格の高騰時または系統信頼性の低下時、需給の逼迫時において、電気料金価格の設定またはインセンティブの支払いに応じて、需要家側が電力の使用を抑制するよう電力の消費パターンを変化させること。デマンドレスポンスサービスとは、供給側から対価をもらい、需要側に還元するサービスモデルとなる。

る電力商品等が提供されるようになるとおもしろい展開になる。

例えば、クラウドファンディング等のケースでは、バーチャルなグループを組成した発電所の応援をしながら、現実の電力供給契約をする等のサービスが想定でき、ニッチなターゲット需要家への訴求になる可能性はあるが、今後の分散型電源の流れの中で、市場は間違いなくあると想定する。

自社の需要家向け既存サービスでコストがかかっているような業務が、需要家の協力で改善されるようなスキームで小売事業が構築できれば、電気代等はその分安く提供できる。例えば、電力のデマンドを監視して在宅を確認する等のサービスで、需要家のサービスが向上できるモデルである。勿論、このようなサービスにおいては、需要家の同意を取る必要はあり、制度的な後押しも必要と考える。

さらに、サービスに特典が付与され、リピーターの増加により自社サービスの売り上げ向上になる等、他社にないサービスの展開を検討することもできる。

ポイントは、圧倒的な需要家の利便性の実現であり、エネルギー事業の完全なサービス事業化である。

いわゆる、エネルギーを中心とした、プラットフォームビジネスの展開である。

例えば、不動産仲介の入り口で、エネルギーの契約獲得を行うと同時に、引っ越しに伴う家具・家電購入、引っ越し業者の手配、廃品回収、新聞、行政手続き等の一連のサービスを、窓口を一本化して、需要家が大きなメリットを享受できるようなモデルである。

小売事業者は、エネルギーを安く提供する代わりに、プラットフォームにおける手数料で収益を確保する。

そのビジネスモデルを、プラットフォームとして競合しないエリアの同業他社に横展開し、それぞれが電源供給元や業務で提携すれば、大きな新電力としての勢力になることも非現実的な話ではない。

新電力にとって、サービス戦略は、事業を継続する上で最も重要なファクターであり、十分時間をかけて検討したいところである。

参入事業者は、その方法を新たなサービスの活用を含めて模索すると同時に、ターゲットの絞り込みとチャネルの最適化を検討していくことになる。

エネルギー自由化の時間経過と共に当初構築したスキームは、すでに見直すべき時期にきていると考える。

また、サービス戦略も今後大きく変えていく必要があり、差別化が重要なファクターになっていく。

このスキーム構築や戦略の立案に応じて、業務やシステムも大きく変えてく必要があり、その点を考慮して、スピード感のある柔軟な仕組みが必須となる。

次章からは、新電力の戦略を支える業務及びその仕組みを効率化するＩＴについて、さらに詳述していく。

第3章

エネルギー事業を支える業務、ITの現状と仕組み構築のポイント

この章では、エネルギー小売事業を支える事業者の業務の仕組みを解説し、現在参入を検討している、または、今後参入を予定している事業者のサービス企画及び業務の仕組みの構築の一助としていただきたいと考える。事業で必要となる業務のスコープを概観した上で、各業務の内容や構築のポイント、それを支えるシステムのあり方についても言及する。

小売事業の業務及びシステムを概観する

電力小売事業における業務は、大きく顧客管理業務と需給管理業務に大別される。また、その周辺ではあるが重要な業務として、法人案件管理、見積もり、収支管理等の付随業務が存在する。

顧客管理業務は、①顧客情報管理、②料金計算、③収入管理、④ポータルサービス（WEBによる見える化サービス）等に分類されるが、基本的には一体の業務と定義され、絶対に必要な要件となる。ここでは概要の説明とし、詳細は業務詳細機能のところで説明することとする。

顧客情報管理については、需要家からの契約開始を含む各種受付、送配電事業者・現小売事業者への廃止取次等の連携処理（スイッチング処理等）をはじめとして、見積もり業務や料金メニューの選択、料金収納に係る登録処理等がある。

需要家からの申し込みについては、入り口として、対面営業受付、店舗受付、WEBによる受付、コールセンターによる受付があるが、いずれにしても小売事業者がライセンスを取得する上では、需要家の対応窓口の体制を確立する必要がある。

料金計算は、送配電事業者から需要家毎の確定使用量を取得し、各需要家の料金メニューに合わせて料金計算をすることになるが、送配電事業者からの確定使用量の提供タイミング（高圧小口〈エリアにより分散検針〉、低圧は基本的に分散検針となるため）と請求処理業務を考慮して、業務を組み立てる必要がある。

収入管理は、料金計算した結果を受けて、請求処理を行う一連の業務を管理する。現状で電気料金の支払い方法の大半を占める口座振替、クレジット（口座振替制とクレジットで約80％）、コンビニ収納等の各種支払い方法について、収納代行業者との連携を含め業務を行う。当然であるが、処理結果データによる消し込み業務や、未収管理・債権管理についても行う必要がある。

ただし、本業務は既存請求の仕組みで実施する、または収納代行業者に委託するケースが大半である。また法人のみの場合は、請求書・振込対応で処理を行っている事業者もある。

需要家に対しては、ポータルサービス等を含め何らかの方法で、請求金額や使用量、料金計算の根拠となる情報の開示と通知を行う必要があるので、サービス有償化を含め、請求書発行コストを考慮した業務の仕組みを構築することになる。

需給管理は、①需要予測をする、②ポジショニングを実施（電源の割り当て）、③電力卸売市場において電力取引を行う、④広域機関に計画を提出する、⑤日々の需給を管理・監視する等の業務となる。

電力事業を新たに開始する事業者にとっては、当初はハードルが高い業務であったが、現在ではシステムが進化し、かつ、相当安価になったこともあり、自社運用が可能になっている。

現状では、大手事業者や一部の新規参入組を除き、BGへの参加や外部委託をしている事業者が多くなっている。

本業務は電力事業の核になる業務であり、中長期的に電力事業を継続する（基本的には、参入事業者は、事業特性から、また、企業ブランドの維持継続の観点で、中長期的に事業を行うと想定される）事業者は、最終的には自社で行うことが本来は望ましい。

ただし、全く新たなサービス事業者が出現し、将来的にもサービスコストが見合うようになれば、外部委託が選択肢として残り続けることもあり得る。

10年計画から中長期的な計画を広域機関に提出すると共に、日々の計画（需要の予想・計画と調達計画）と日々の需給のバランスを取り、翌日・当日の需給計画及び監視を行う業務もある。調達では、日々の過不足電力量を電力卸市場等にて調整することも重要な業務となる。

小売事業者は、体制面や当初の運用ノウハウをどこから取得するか等が悩ましいところであるが、電力事業を継続していくために、また、適正な収益を得るために、主要な業務を自社でどこまで実施していくか等を慎重に検討する必要がある。

業務フローとシステムの組み立て方で事業の成否が決まる

小売事業のシステムの業務フロー構築に際しては、当然自社に合致した組み立てをする必要があり、コストの最小化を考慮しながら最適解の仕組みを作ることになる。

電力小売事業（特に低圧分野）において、業務を支えるＩＴコストは最小化する方向で構築するべきである。薄利多売のビジネスという点から、オペレーションコストを抑制できる仕組みは大変重要である。

大きな枠組みを構築する上で、最初に実施するべき事項が、スコープ（領域）の確定となる。まず、本事業のベースを確認する。需要家のターゲットをどうするのか（高圧のみで事業、低圧のみで事業、その両方で事業等）を決める必要がある。

その上で、目指すべき数値目標（獲得需要家数、収益等）を中期計画として組み立てる。中期計画にもよるが、例えば当初の想定件数が少ない場合、当面の対応として、業務の組み立てやそれを支えるシステムをよりシンプルに考えることができ、事業立ち上げコストを抑制できる可能性がある。

次に、本事業に関わる内部・外部のステークホルダー（利害関係者）を確認し、本業務における役割分担を大枠で想定する。BGで仕組みを提供する場合は、傘下の小売事業者も対象となり、代理店・取次店を活用するモデルの場合は、当然その事業者も対象となる。

その上で、業務として内部で組み立てるべき事項を絞り込み、その業務フローを策定する。

例えば、現行業務で収納代行業者を利用しているケースでは、その事業者をそのまま利用することも想定され、また、現行事業ですでに請求業務を行っているケースでは、収入管理は基本的に既存の請求の仕組みに揃えるため、解約フローを回すための最低限の未収管理以外は不要な機能となり、通常であれば現行の業務に電力・ガス等の請求業務を取り込むことになる。

これは、料金計算でも同じことであり、現業ですでに同様の料金計算業務を行っているケースでは、シンプルな料金システムを前提とすると、特に、本業務を新規で組み立てることは非効率になる可能性が大である。

図11　電力小売システム連携関連図

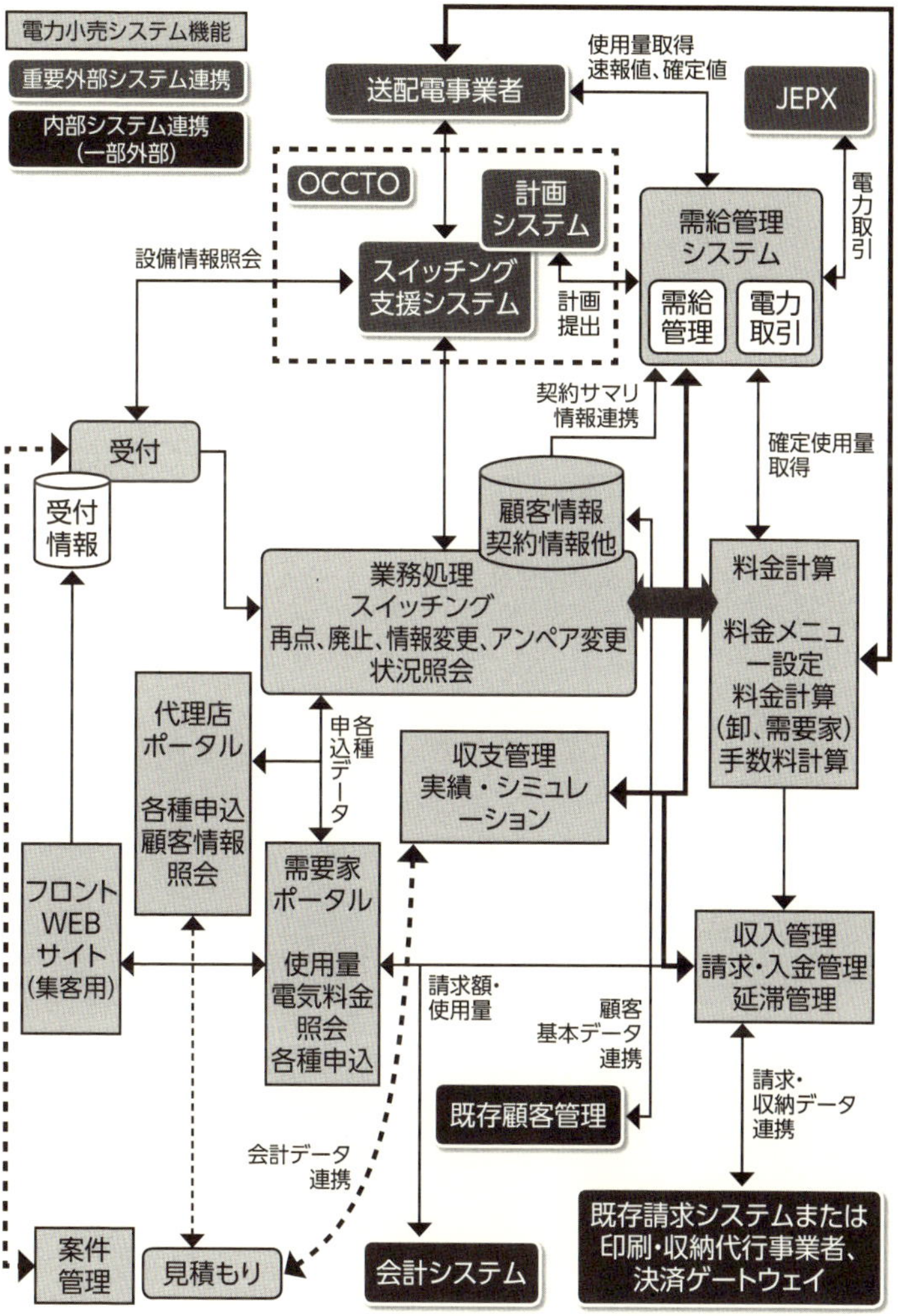

また、件数が少ないケースでは、エクセル等の簡易的なやり方で実務を組み立てることも非現実的な選択肢ではなくなる。

電力自由化では、当初は旧一般電気事業者の料金メニューに影響される企画が多くなるのは致し方ないが、中期的な戦略として同じような料金メニューを継続することはベストとは言い難く、戦略変更が起こることが容易に考えられるため、料金メニューのシンプル化等により可能な限り軽い料金計算の仕組みを策定したいところである。

また、見える化の仕組みはどちらかというとシステムベースの話になるが、請求金額や使用量をどのように需要家に提示するのかが基本的な業務要件となるため、現行の仕組みを最大限有効利用することを含め、どこまで準備するかのスコープ決めが必要となる。

現状の電力会社の仕組みがそうであるように、ほとんどの需要家はポータルなど見ていないことを前提に軽い仕組み作りをするべきである。

集客に重きを置いたランディングページの仕組みは別として、通常のポータルは、可能な限りシンプルなものとする。サービスとしてプラスの効果が大きくないのであれば、できるだけコストをかけるべきではない。

顧客管理については、当初の件数が少ないケースでは、広域機関のスイッチング支援システム（本システムについては後述）が用意しているＷＥＢの入力システムを併用するとよい。二度入力等の手間は多少掛かるが、業務として回らないことはないため、初年度の獲得需要家数等を考慮した上でコストを抑えた業務フローを考えることも可能となる。

事業立ち上げの当初は、需要家の件数にもよるが、基本的には拠点を1カ所に集中して少人数で業務を回すことが肝要である。これがオペレーションコストの最小化につながるので、ポイントとして押さえておきたいところである。

業務の仕組みは可能な限りシンプルに、それを支えるシステムは必要最小限とし、事業継続が確定した時点（おそらく2020年以降）で、既存システムとの統合等を含め本格的なシステム投資をするべきである。

話は一転するが、BGをまとめる親小売事業者が、BGが提供するサービスとして、傘下の複数の小売事業者にシステムを提供することも開始されているが、本スキームでは、**マルチテナント**※3-1方式にするかがよく議論されるので、少しだけ触れておく。

システム管理面ではマルチテナントの方が楽であるのは間違いないが、全体のシステム停止のリスクやカスタマイズ時のテスト負荷、ログインミス等オペレーションミスによる

※3-1　マルチテナント

同一のシステムやサービスを複数の企業（ユーザー）が共有して使うこと。特に、SaaS（Software as a Service）に代表されるクラウドコンピューティングでは、マルチテナント方式が主流である。

業務運用のリカバリーの考慮等を総合すると、シングルのサービスを小売事業者の数だけ複数立てるのがベターであると判断している。

また、システムが完全に止まった際のリカバリーとして、手作業を含め業務運用で処理を進めていくことも検討するべき事項であり、**コンティンジェンシープラン**※3-2も構築しておくとよい。

いずれにしても、最低でも業務がきちんと回る仕組みを構築できることが前提であり、ITベンダーの提案に振りまわされることなく、システムコストは最小化することが重要である。かつ、今後の制度設計や事業戦略の変更に伴うシステム改修も、最短の期間・コストで実施できる仕組みにしておくことが、他社との競合に勝つための大きな戦力になる。

次項からは、各業務の詳細について、必要最小限の構築をする観点で、そのポイントを整理しながら見ていくことにする。

案件管理は、高圧事業ベースで利用

案件管理は、通常、法人営業において実施する事業者がほとんどであり、個人低圧については細かくは行っていないのが実態である。

法人営業は、商談や案件という単位で、法人から要求される複数地点の見積もりをまとめて行うのが通常であり（当然1件の場合もある）、そのステータスを管理する。

案件発生から、見積もり提出、見積もり・条件交渉、成約に至るステータスを管理すると同時に、案件と需要家の基本情報を管理する。

また、直販と代理店・取次店のバッティングチェックや案件承認、与信審査と結果入力等の業務がある。

見積もり諸元は、現在ほとんどの事業者では別システム（実態はエクセルツールが多い）に入力して見積書を作成するため、添付資料として管理をしているケースはあるが、データが統合管理されているケースは少ない。

データは営業管理者の案件フォローのベースとなると同時に、競合情報の参照や競合分析、ロスト案件の次年度のリマインド等で活用する。

営業支援ツール等で代替しているケースが多いが、顧客管理との連携がされていない等、システムのあり方にも課題があり、今後改善していく余地は相当ある。

法人営業を中心に事業を組み立てる場合は、今後案件が小型化する可能性が大であり、

※3－2　コンティンジェンシープラン（Contingency plan）
災害や事故等、想定外の事態が起きたときのために、事前に定めておく対応策や行動手順のこと。

対応する案件数も増加するため、本業務の仕組みは、見積もりの仕組みと連携する形で、システム化により効率アップしていきたいところである。

高圧事業における見積もり業務は収益の要となる

見積もりは、特に高圧事業では、収益に大きく影響するため、慎重にシミュレーションをする必要があり、重要な業務とも言える。また、法人低圧も件数・規模によってきちんと採算性の計算を行う必要がある。

一方、最近の傾向として、高圧は旧一般電気事業者を含めた競合が激しく、採算が取れなくなっているため、自社の事業ターゲット次第では本機能はあまり必要がなくなる可能性もある。

個人需要家には、訴求点を明確にしてわかりやすい説明をする上である程度必要となるが、WEBサイトにサンプルの費用を掲載する、または1カ月の使用量の入力のみで年間の費用比較をする等より簡易的な方式でいく方向や、外部サイトとの連携（料金比較サイト）で済ませるような形態が多い。実際、これがベストな選択となる。需要家も本人確認書類を提示の上、自分の過去使用量を正確に開示してまで、詳細な見積もりを提示してほしいとは思わないのが普通なのだ。

現実的に、1カ月の使用量で1年分を想定して計算しても、それほど極端に大きな乖離《かいり》はないと想定できるし、あったとしてもレアケースである。

現状の制度では、本人確認書類の提出及び本人同意をもって、当該の需要家の過去1年分の使用値が取得できるため（ただし、事業者がパスワードの払い出し申請を行っても、リアルタイムでは処理・回答がないため、タイムラグが起こる。この対応のため、業務フロー等の検討が必要となる）、この数字を利用して1年間の見積もりを行い、現行の旧一般電気業者との料金比較をすることが可能となるが、個人低圧ではコスト面で見合わない業務となるので、事業者側としては、現実的には行わないというのが実態である。

比較する対象が、時間の経過と共に、現行の電力会社から新電力のメニューに変わることになり、その追随に係るコストや運用面を考えると、現実的な解にはなり得ない。

おおよそ何%ぐらい安くなる、または比較サイトの参考値を参照する等のやり方で十分である。安い料金のみで電力業界で戦いを継続するのは厳しくなると想定され、事業継続の観点からはベストな戦略ではないと想定されることから、サービス面での差別化を検討する方が賢明である。

繰り返しになるが、高圧事業については、事業収益に大きく影響するケースが多いため、慎重に見積もり業務を行うケースがほとんどである。

需要家の情報を過去1年間分入手し、自社が持つ需要家が属する同業他社の過去の実績データを参照しながら、当該需要家の1年間の需要ロードカーブを策定し、曜日補正や最大電力値補正をかけた後、電源コストを割り当てた上で収益シミュレーションを実施し、見積もり作成を行うというのが概要フローとなる。その後、見積もり作成と同時に採算性の計算を行い、内部承認を得て、需要家に提示をすることになる。

過去データの入手については、法人であれば、旧一般電気事業者が提供しているサイトのポータルに登録があれば、そのサイトから容易に入手できるため、需要家の同意を得た上で、需要家のIDを入手し、データを取得して見積もり業務を行うこともできる。

ポータルには、使用量や請求のデジタルデータが格納されているため、本データを**ウェブスクレイピング**※3-3の技術や**RPA**※3-4で自動的に取り込む等、システムにおける効率化は可能である。

電力事業に新規参入組のなかには、この見積もり処理について、需給管理業務を委託するBGに参加した瞬間に解決したと思い込んでいるケースをよく見かけるが、この見積もり処理は、BGとは言え、各社で行う必要がある。事業収益に影響する重要な業務だからだ。

実際、小売事業者がこの業務をアウトソースする形態はほとんどない。代理店等の方式では、見積もりを出す代理店のバックで、事業者が見積もり業務を行っている。また、法人低圧小口の場合は、簡易なツール等を提供することにより、代理店・取次店が本業務を実施しているケースが多い。

昨今、法人の需要家のスイッチングも増加傾向にある。本業務のスピードアップは喫緊の課題となっており、見積もりからスイッチング処理に至る業務フローと同時に、システムを含めた仕組みをどううまく構築するかは、事業の拡大に影響すると認識されている。

対面、店頭、WEB……等。方式別の受付処理の効率化

受付業務は、各事業者により方式がまちまちだが、顧客との接点となる重要な部分であ

※3－3　ウェブスクレイピング（Web scraping）
ウェブサイトから情報を抽出するコンピュータソフトウェア技術。

※3－4　RPA（Robotic Process Automation）
ロボティック・プロセス・オートメーションの略。**ルールエンジン**[※3－5]・機械学習・人工知能等の認知技術を活用した、業務の効率化・自動化の仕組みとして広く利用が開始されている。

※3－5　ルールエンジン
「人の思考（意思決定）をシステム化する」技術をベースに開発された、物事の判断過程をプログラムし、実行することのできるソフトウェア。

る。とは言え、効率化しておかないと、最終的に需要家に迷惑をかけることになるため、慎重に構築するべき業務となる。

法人対応は、通常、見積もり処理等が一体となるケースが想定されるため、その点を踏まえて業務の組み立てを考える必要がある。

方式としては、対面営業、店頭営業、コールセンター、WEB等の仕組みに大別されるが、WEBの仕組みは特に、サイトへの導線が大事になることは間違いない。

営業から、または代理店・取次店等からの申し込みを想定した場合、必ずしもオンラインではなく、申し込み情報を入力したファイルを連携する等のケースは当然想定しておく必要があり、ファイル連携に対応できるシステムが必須となる。

また、当然、契約内容の事前説明・契約書や契約締結後書面の交付等、小売事業者及び代理店・取次店として最低限必要な業務が回るような仕組み作りが必須であることは言うまでもない。

受付データは最終的にスイッチング支援システムに連携することになるが、広域機関が準備したスイッチング支援システムの先にある送配電事業者側で、需要家名義・住所等を含め禁則文字の処理が異なるため、システムで入力チェックに対応する等、効率的な仕組みを作る必要がある。

対面営業のケースでは、重要事項の説明後、契約の意思確認と同時に申し込みを受領し、帰社後または外部からのシステム接続で業務処理を行うことになる。

この時点で、検針票を入手する、または、申込書への添付を必須にする等で確実に情報を収集することが肝になる。

法人対応等で見積もりを厳格に行うケースでは、当然、申し込みを正式にいただく前に検針票・請求書等を入手し、それを基本情報として見積もり作業を行い、需要家に提示して説明を行うことになる。

店舗営業も同様であるが、需要家が検針票やその他の本人確認ができるものを持参するとは限らないため、見積もりにしても、限られた情報に基づく目安のメリット表等の提示手段を考慮しておく。また、再度来店いただけるようなインセンティブを準備する、または帰宅後、WEBから簡単に申し込める等の仕組みを提供する。その際に代理店・取次店の情報入力もしていただけるよう必要に応じて、需要家へのインセンティブを考慮する必要もある。

WEBについては、インターネットでサイト情報を参照し、コールセンターに申し込みを行い、オペレータが入力するようなケースも想定して、業務の仕組みを組み立てる必要がある。各種申し込みの機能を実装したとしても、そのポータルサイトにどのように需要家を誘導するかという大きな課題を解決する必要があり、後述するフロントの**ランディングページ**※3-6等、需要家にとってわかりやすい仕組みや表示は必須要件となる。

現在、比較サイトからの誘導等の手段を使っているケースは、ある程度効果を上げていると言える。

多くの事業者は、低圧小売事業については、マーケティングコストを大きく掛けられない状況である。しかし、集客の仕組みは今後より真剣に検討していく必要がある。

低圧事業をベースに述べてきたが、高圧事業は従来通り、BtoBモデルであり、対面営業で処理をしていくことになる。

法人対応についても、件数が多くなると案件管理等の仕組みも考慮する必要があり、特に見積もり提示等のフェーズ管理、他社情報の管理等も、受付処理と合わせて実施していく必要がある。

既存サービスのある事業者の場合は、既存の顧客管理とのデータ（例えば、契約完了・変更データ、請求データ）連携を想定して組み立てる必要があり、既存システムにデータを渡す場合のキー項目が既存の顧客番号等になるため、その入力を当初の受付段階でする必要がある。受付システムと基幹システムを連携させる方式や、基幹システムの最小限の顧客情報を日次等適時ファイル連携し、単独参照させる方式もある。また、このファイルの参照は、フロントエンドの受付でも行うことになる。

需要家の既存契約の有無と確認のための存在チェックも考慮すると既存システムを参照する等の対応も必要となるが、既存システムの改修作業はほとんどのケースで小売事業立ち上げの際に導入するシステムと同等またはそれ以上の費用がかかるため、得策ではないケースも多い。

その場合は少し作業は発生するが、受付時に、既存システムを参照し、その上で顧客番号を手入力する等の対応も可能である。処理件数にもよるが、全てシステム化ではなく、最適なＩＴコストで構築することをお勧めする。

また、収納方法の受付も必要となるが、ＷＥＢからの需要家入力の導線と、紙での受付の場合は申込書を送付するための受付、申込書を受領した後の入力処理等、事業者の想定している需要家ターゲットに合わせた申し込み方法を、用意する必要がある。

クレジットカードの情報は、**PCI DSS**[※3-7]のセキュリティ基準を満たさないと、事業者側では保有できないため、収納代行事業者側で管理することになるが、その代わりカー

※3-6　ランディングページ
一般的に一つの商品やサービスを紹介販売するためのＷＥＢページであり、広告や検索エンジンから最初にアクセスするページとなる。したがって、サービス売り上げを伸ばす上で重要な要素となる。

ド情報と対になるユニークな番号を管理することになるため、その管理機能は必要となる。

受付業務の効率化を図るために、検針票の写真利用も開始されており、新規受付や受付後の業務処理でエラーになった場合の対応等で、写真をベースに入力処理する、またはOCR処理を駆使したり、RPAを利用する動きもある。

また、賃貸事業者における引っ越し時の受付処理も、RPAを利用した**供給地点特定番号**※3-8の引き当てや、管理物件の仕組みに限定されるが、管理会社の名義で継続運用することにより、再点、廃止の業務を実質的に排除するような業務フローを確立し、業務効率化を図る動きもある。

受付業務については、一括取り込み入力のような機能や、ランディングページや既存システムとの連携ができる**API**※3-9を装備したシステムは必須であり、さまざまな受付方法やデータ連携に対応できる仕組みが必要となる。

代理店・取次店の増加で、専用窓口の開設が必要になる場合も

小売事業者においては、販売チャネルを保有していない事業者も存在し、特に低圧小売

事業では体制面で検討が必要になっている。

このケースでは、協業先である販売店または代理店に、販売代理・媒介や取次ぎ業務を依頼し、その業務フローを確立した上で事業を組み立てることになる。

さまざまな案件のケースが想定されるため、取次店―代理店、代理店―代理店等のガイドラインでクリアな階層管理ができるように準備する必要も出てくる。

対面販売を含め、受付から顧客管理業務及び請求に至る業務を取次店が行うケースや、代理店が営業と共に申し込みの受付のみを行い実際の業務はバックにいるライセンス事業者が担うケースに分かれる。

※3－7　PCI DSS（Payment Card Industry Data Security Standard）
加盟店やサービスプロバイダが、クレジットカード会員データを安全に取り扱うことを目的として策定された、クレジットカード業界のセキュリティ基準。国際カードブランド5社（American Express, Discover, JCB, Mastercard, VISA）が共同で設立した団体であるPCI SSC（Payment Card Industry Security Standards Council）が運用、管理している。

※3－8　供給地点特定番号
電気の使用場所を特定するために使用場所単位に設定されている22桁の番号。2016年1月から各電力会社が需要家に付与した番号で、検針票等に表示される。

※3－9　API（Application Programming Interface）
広義では、ソフトウェアコンポーネントが互いにやりとりするのに使用するインターフェースの仕様のこと。

実際には、申し込みの受付のみを実施しているが、自社サービスとのセット請求をするため、小売事業者から債権譲渡を受けて（受けないケースもある）業務を行う媒介方式も存在する。

各販売店の実績把握や手数料の管理業務、各取次店の卸料金の計算等があり、小売事業者が直販するケースでの業務以外に策定するべき業務が存在する。

また、事業者によっては、与信等の関係で末端の販売店は直接取引ができないことから、間に卸事業者となる中間会社が入るケースもあり、階層管理が多段階で必要となるケースもある。手数料の管理や、エリア毎・代理店毎のメニュー選択等、業務上の制御をかける必要も出てくる。

さらに、代理店・取次店が増えてくると、その問い合わせ専用窓口を立てる必要も出てくるので、留意する必要がある。

代理店と取次店においては、受付入力や初期のエラー処理を実施させる方式もあり、受付入力、ステータス参照、報酬や請求データを、自社分のみオペレーションできる代理店・取次店用専用ポータルサイトを用意する必要もある。

特に、代理店・取次店の数が多くなってきた場合、小売事業者側の負担が多くなるため、この仕組みは、業務処理の進捗管理と共に必要となる。

取次店は特に、小売事業者と同じ目線で業務を行っていく必要がある。問題が起きた場合は、ライセンス事業者である小売事業者にも責任が及ぶため、需要家対応に関するシステム（例えば、契約締結後、書面発行が確実にできているか等の進捗管理を実現するシステム）は必須となる。

また、前述の通り、取次店や代理店からの問い合わせが多くなると、この対応窓口も準備する必要が出てくるため、可能な限りポータルサイトで完結できるように情報開示を検討することが必須となる。

自由化当初はシステム提供側があまり意識していなかった部分だが、現状ではこの進捗管理をエクセル等で別管理しているケースもある。

問い合わせの件数が少ないうちはなんとか業務を回せるが、件数増加に伴い十分に対応できないケースも増えている。需要家に迷惑がかかると問題が大きくなるため、本業務は事業化段階で慎重に検討しておく必要があるのだ。

請求業務は、ライセンスを保有している事業者と取次店の間では、月1回または月数回の処理をするが、前述の媒介方式のように、債権譲渡してしまい回収リスクを回避する等の工夫も見られる。

この場合、需要家への請求・回収業務は取次・媒介側の責任となるため、需要家向けの請求と代理店向けの請求を両方計算する等の仕組みが必須となる。

現状では、小売事業者が、囲い込みの一環でこの業務を支える仕組みやシステムを提供するケースも増えている。

今後自由化の進展の中で、代理店・取次店の獲得合戦が起きることは容易に想定できるため、ライセンスを保有している小売事業者はつなぎ留めに工夫が必要となってくるのではないか。

小売事業者はこの点を踏まえて、代理店・販売店がスムーズに業務を行えるよう、ガイドラインに基づき、業務を確実に管理・実行できる仕組みの提供を考える必要がある。

顧客・契約管理は自社で構築する

顧客・契約管理は、契約前、契約済及び解約後の需要家の情報管理の仕組みであり、受付処理からスイッチングを含めた各種業務処理と連動する仕組みである。

受付した情報が、新規・変更とも、自動的に顧客情報と契約情報に反映される仕組みが理想であり、顧客管理システムを導入する場合は、当然提供されるべき機能となる。

また、需要家と供給地点（＝契約）が、1：Nになることは当然想定しなければならず、法人については、会社（親会社、子会社）や拠点（本社、支店、工場等）の階層が管理できることが必須となる。

さらに、代理店や取次店との紐付け管理や、代理店・取次店毎に、自社の担当分のみの情報参照や入力ができることも必要である。

通常、現行サービス事業で需要家との取引があるケースでは、既存顧客管理との棲み分け、あるいは連携をどうするのか等を検討する必要がある。

また、高圧事業ですでに電力事業を先行して行っているケースでも同様のことが言え、低圧事業の顧客管理と統合するのか、当面は別々で管理するのかを選択することになる。

２０１６年４月スタートの事業者は、リスクを少なくする必要があったため、かつシステム投資の抑制をする観点から、各業務の統合対応等を先延ばしにするケースもあり、高圧と低圧、法人と個人で別システムを稼働させているところもある。

請求管理等は法人対応ではまとめて管理した方が効率的であり、また、まとめて請求してほしい等の要請もあるため、システムは統合化していくことになると想定している。

電力の顧客管理は、設備情報等の電力特有の情報を保有する必要があるが、通常の顧客管理と比較して大きな違いはない。したがって、小売事業者の中には、当初から自社の顧客管理と統合するところもある。

ただし、先ほど述べたように二重入力のロスをなくす観点で、スイッチング支援システム（本システムについては後述）と自動連携する場合は、その部分の仕組みを取り込む必要がある。

スイッチング支援システムとの連携システムを構築後も、制度が変更になるケースで広域機関（電力広域的運営推進機関：ＯＣＣＴＯ）のインターフェースが追加・変更になることもあり、その追随保守を継続して実施していく体制が必要となる。

また、当初、需要家契約数が少ないケースでは、顧客管理をエクセル等で行い、スイッチングの業務処理を広域機関の標準のＷＥＢシステムで行うという選択もできる。

さらに、既存の顧客管理の仕組みを生かしつつ、スイッチング支援システムとの連携業務部分の作り込みのみを外部のベンダーに委託することも可能である。

上記のようなモジュール採用方式は、独自システムを構築するケースで見られる方式となるが、独自システム構築は、ベンダーに依存しないような作り方をすれば、今後の展開において、非常に強力な武器になり得ると想定される。

ただし、現実的には、小売事業者側の体制として、業務とシステムの両方を理解している人材がなかなかいない現状もあり、まだ少数派である。

顧客・契約管理で重要なポイントは、中長期的な電力ビジネスにおいては、自社のコアになる顧客管理の仕組みをアウトソースするべきではなく（サービスの早期立ち上げの観点から当初は選択する方向もあるが）、自社で構築するべきという点である。

クラウドサービス等パッケージサービスを利用することは問題ないが、自社の戦略に応じて仕組みをスピーディに、かつ、コストをかけずに変化させていけることが、なによりも重要である。

スイッチング支援システム連携は自動化とエラー処理が全て

スイッチングの業務については、前項でも述べたように、自動連携するか広域機関のシステムを直接操作するかにより業務のフローが大きく異なり、業務効率に大きな差が出る。

さらに、二重入力が発生することで、誤入力の確認等、多少煩雑さが増す。

スイッチング支援システムでサポートしている業務は大きく下記のようになるが、可能な限り1回の入力で、かつ自動化できる方式を推奨する。

□設備情報照会

検針日やスマートメーター、契約容量（実量制の契約は取得できない）等、その需要家と電力設備等に係る情報が取得できる。スマートメーターが既設かどうか、検針日がいつかで、供給開始日を決める材料となる（ただし、供給開始日は、需要家が希望すればスマートメーターが設置されていなくても設定できる）。

スイッチング完了時点で、全ての情報が入手できるので、再度本情報は取得し直すのが基本となる。勿論自動処理で行う。

レアケースではあるが、スイッチング時点でスマートメーターが設置されていないケースでは、本情報は定期的に取り直し、スマートメーターが設置された時点での情報を保有しておくとよい。

□使用量照会（パスワード払い出しを含む）

精緻《せいち》な見積もりや、契約可否判断の材料となるため、データを取得できることになっているが、本人確認の書類が必要となるため、個人低圧では業務フロー上の課題もあり、現実的には利用されていないケースが多い。

□**スイッチング廃止取次申請**

新小売事業者が、現小売事業者への廃止処理を取り次ぐための申請をする。需要家が申し入れをすれば、新電力会社から一気通貫で契約切り替え手続きができる。この連携データは、設備情報照会の結果作成され、下記の廃止承認結果を受けて、スイッチング開始申請から完了までを自動化させることが基本となる。

□**スイッチング廃止承認**

現小売事業者が、新小売事業者からの廃止申請を承認する。本人確認が必要であるが、書類を請求するわけではなく、契約番号等の申し込み情報から判断することになり、自社に存在することが確認できた需要家は、基本的に承認で返している事業者がほとんどである。

平日業務時間帯は1時間に1回は承認行為をする必要があり（実際には遵守されていないケースが散見するが）、契約番号等の自動照合による自動処理が有効となる。

□**スイッチング開始申請**

新小売事業者が、現小売事業者の廃止承認を受け、開始申請をする。

基本的には、廃止承認のＯＫを受けて、次のシーケンスとしての自動処理を行う。

□スイッチング廃止申請

現小売事業者が、廃止承認後、実際の廃止手続きを行う。

この廃止申請と、新小売事業者の開始申請がマッチングされて、スイッチング（契約切り替え）の処理が完了する。現小売事業者側のシステムでも、廃止承認後、自動化することが有効となる。

□再点

引っ越しの際の転入等の開始手続き。現状の転入時の利用開始の慣習もあり、スマートメーターでない場合は、サービスブレーカーを上げると電気は利用できるため、使用開始日に遡って契約処理をしなければならないケースもある。この点、小売事業者は処理に留意する必要がある。

また、申し込み時点では供給地点特定番号がわからないケースが大半であるため、広域ＷＥＢの照会処理で、供給地点特定番号を引き当てておく必要がある。

賃貸物件でも自社管理物件の場合、最初から供給地点特定番号を引け当てておき、データベース管理できれば、本作業は相当効率化できる。

また、自社管理物件を保有するケースに限定されるが、管理会社の名義のまま変更するのではなく、需要家に対しては、1カ月の料金を確定値ベースで分割計算し、家賃と共に請求する仕組みも出てきており、賃貸関連の本業務は効率化の工夫が進んでいる。

賃貸系事業者が電力サービスに参入する場合には、この処理や仕組みは業務効率に大きく影響するため、業務フローと効率化の検討を十分行うことが肝となる。

□廃止・撤去

引っ越しや改築等に伴う廃止・撤去手続きはWEBから可能になっているケースもあるが、引っ越し手続きの一環で、新住所での再点への誘導について行う場合（供給エリアへの引っ越しの場合）はWEB申し込みがよいとは限らない。コールセンターに誘導し、契約継続をお願いする等の導線も考慮が必要になってくる。

□アンペア変更

築年数が長いマンション等では、共有部の配線の張り替えが必要な場合もあり、実質的に希望のアンペアにできないこともあるので、注意が必要である。本処理は設備情報照会で判定できるため、システム上考慮しておくとよい。

受付時、設備情報照会の際にチェックし、アンマッチの場合は、一旦処理を止め、需要家への確認（アンペア変更の意思確認）の実施や、需要家確認または受付不可等（例えば、20A以下は契約しない等の方針がある場合）の処理をする必要がある。

また、そもそも需要家には申し込み時にアンペアを指定させず、設備情報にて特定する方式を取っている小売事業者もある。

□需要家情報変更・名義変更の手続き

需要家名義を変更する申請となる。本データは送配電事業者データと完全一致が必要となるため、顧客管理上は、基本情報、請求先の情報管理と分ける等、留意が必要である。

□各種業務状況の照会

各業務のステータスを順次照会する機能。基本はシステムで自動化し、ステータスを更新する。

これらの処理は、二重入力防止・入力間違いの観点から小売事業者の顧客・契約管理との自動連携を推奨するが、先述の通り、当初契約件数が少ない場合、広域機関のWEB入力システムを直接利用することも可能である。

供給地点特定番号等数字の羅列や需要家名義の必須情報を正確に入力する必要があり、自動連携であれ、システム直接利用であれ、必須情報の入力を間違えると、需要家との間で何度もやりとりが発生するため、需要家の手を可能な限り煩わせないスムーズな業務処理ができるような工夫が必要になる。

一度の申し込みでスムーズに業務を流すためにも、申込時点での検針票の取得・確認等（例えば申込書に添付していただく）、工夫をするとよい。

スマホ等での申し込みの場合、写真を送る方法や、エラー発生時には当該需要家のメールアドレスに検針票の写真を撮って送るよう促す等、工夫を凝らしたサービスが出てきている。

写真のOCR技術は相当精度が向上しているため、紙での申し込みの場合、認識しやすいように申し込み用紙に添付された検針票の写真を業務側で撮る等の処理フロー上の工夫は多少必要であるが、RPAを含めたシステムを確立すると本業務は相当効率化できると予想する。

スマートメーターの取り付け、検針日を意識した業務フローを確立すると同時に、廃止・撤去、アンペア変更等工事が伴うもの、受付後や処理後に需要家に一度連絡・確認が必要なもの等、自動的に処理を流せなくなる可能性があるものについても業務における取扱いを整備しておく必要がある。

また、新築や増築等により個人宅で実施する新増設については、従来通りオペレーション（電気工事会社と送配電事業でコンタクトして進める。申し込み等は電力会社毎にWEB上に用意されている）が必要であり、自動連携ではないため注意が必要である。

特に、ハウスメーカー・リフォーム事業者等をサービスに持っている新電力は、この処理をどうするのかも合わせて検討しておく必要がある。

新増設は、タイミングにより供給地点特定番号が付与されていないケースもあり、この場合も送配電事業者に個別に問い合わせる必要がある。これも送配電事業者により問い合わせ方法が異なるので留意が必要である。

スイッチング業務は、自動化による徹底的な効率化と、エラー処理等の手動運用になる業務をいかにスムーズに進めるかにかかっており、業務設計とシステム化のバランスをうまく取っていくことがポイントとなる。

料金計算は、シンプルに構築することが重要

料金計算については、需要家への料金比較・訴求がしやすいことから、現時点でほとんどの事業者が旧一般電気事業者の計算方式を採用し、その上で単価を下げるか値引きが入る形式で組み立てをしているが、今後の事業継続のため、また勝ち残っていくために、当然見直していく必要がある。

自由化スタート当初、旧一般電気事業者も当然、現行の料金は下げる方向で改定をしており、かつ、2020年の規制料金撤廃もあり得るので、新規参入事業者が同じテーブルでどこまで戦えるかということも考慮しておく必要がある（2020年の規制料金撤廃については、競争状況の評価等を含め経過措置が検討されている）。

さらに、すでに始まっているが、新電力から新電力へのスイッチングが発生する点も想定しておく必要がある。

自社のサービスや特化したサービスをセットにして、そのサービスを享受したい需要家のみをターゲットにする等の工夫が必要になることは間違いない。

その点を踏まえ、料金計算について見てみると、可能な限り簡易な計算で行っておくの

が肝要と考える。それが新電力の特権でもあるので、実施しない手はない。

計算が複雑な料金メニューを当初から複数準備してしまうと、オペレーションコストが増加すると同時に、世の中の変化への追随が遅れる可能性が大である。需要家も、複雑でわかりづらい料金体系を望んでいるわけではないことは十分認識する必要がある。

今後他業界を巻き込んで益々料金メニューは多様化し、定額モデルやプリペイドモデル、ポイント活用モデル、レコメンド型可変的料金モデル等、特定のターゲットに向けた料金体系ができてくると想定され、その時点で自社の料金戦略を容易に変更できることが必須となる。

電力取引のガイドライン上、託送料金も請求明細に載せることが望ましい行為と記載されているが、オペレーションコストを考慮すると、送配電事業者からの提供形態にもよるため、ガイドラインとの関連（ガイドラインでは望ましい行為となっており、業務改善命令の対象ではない）を見極め、その対応を検討することになる。

低圧小口については、目安の託送料金単価を記載する程度でよいと想定される。

一方、ＦＩＴ卒業電源の買い取りやそれに伴う料金メニュー等も２０１９年から出始めると想定され、相殺請求・支払いのまとめ処理、ポイント管理等ができるような仕組みであったり、30分のコマ毎の買い取り計算や、連動した料金メニューの設定等も必要になると想定される。

なお、「卒FIT」世帯は、2019年度にはおよそ50万件、2023年度までに165万件発生すると見込まれており、すでに新電力業界では対応を開始する動きが加速している。

スマートメーターの関連で言及すると、検針日毎の確定値を分散検針（月間複数回：旧一般電気事業者により日数が異なる。また、需要家毎に検針日が異なり、変更になることもある）により従量課金する点、かつ、修正確定値が再度作られることもある現実を踏まえ、料金計算の元になる使用量をどのタイミングで締めるのか、また、料金計算をいつ実施するのかという点について、事業のキャッシュフローを考慮し、できる限り前倒しで回収できるよう仕組みを決定する必要がある。

最も単純なのは確定値取得のたびに料金計算を実施し請求する方式であるが、新規参入組の方式としては、毎日の請求実施は、収納代行業者がサービスをしていないため、実現は難しい。この点も、今後画期的な低コストの決済システムが利用できるようになれば、現実的になるかもしれない。

旧一般電気事業者は、データが大量なため、料金計算確定のたびに請求データを金融機関等業者に連携している。

いずれにしても、料金計算は、参入当初は簡易な方式が望ましい。複雑な料金計算を需要家が望むとは考えにくいので、オペレーションコストをいかに抑えるか、他のサービスをいかにうまく組み合わせるかを主眼として業務と仕組みを組み立てる必要がある。

一方で、FIT卒業電源等の対応を含め、今後の戦略的なサービス統合と料金サービスに対応できる仕組み作りや準備が必須となる。

送配電事業者連携も可能な限り自動化する

小売事業者と送配電事業者との間で顧客管理に関してやりとりする業務は、下記の通りであり、基本的には一部を除き、システムで自動的にデータを取得する。

手動でしか取得できないデータは、人の手によってシステムにインポート処理を行う必要があるが、最近ではRPAの活用等で業務省力化を実現する動きもある。

・速報値取得
・確定値取得（日次、月次）
・最大デマンド値ファイル取得（手動）

・受電地点特定番号　月次確定値（現状は手動）

速報値、日次確定値は、日々の需給を管理する仕組みで取り込み、監視業務で利用する。また、高圧の需要家向けに刻々と変わる電力使用値を、ポータル機能で見える化し、需要抑制等の観点で参照し、利用することになる。さらに、個人でも30分電力量（速報）を利用したサービスも開始されている。

月次確定値は、高圧と低圧で提供タイミングが異なるが、確定の実績値としての蓄積・参照という観点から需給管理業務で必要であり、かつ、料金計算の元データとなるため、顧客管理側でも必要となる。

確定値の取得については、需給管理側で取得し、料金計算側に渡すパターンと、需給管理側と料金計算側双方で取得するパターン、さらにＭＤＭ（メーターデータマネジメント）の仕組みで一元的に取得・管理する方法がある。

今後必要となる要件を加味していくと、ＭＤＭで一元管理する方法が最も効率が良いと考えるが、システム提供ベンダー側で、ＣＩＳ（電力顧客情報管理システム）及び需給管理が独立して稼働する仕組みになっている場合は、この方式の実現にはカスタマイズが必要となり、実現はコスト面で厳しいと考える。

需給管理側で取得して連携する方式は効率的には見えるが、需給管理の仕組みと顧客管理の仕組みは通常分かれているため（顧客管理・需給管理一体型のサービスもある）、データ連携でシステムの設置場所（クラウド上）等の関連もあり、より煩雑になるケースもあるので注意が必要である。

メーターデータはガスや水道事業も考慮していくと大量になるため、分析用のデータの退避・保管方法等も合わせて検討しなければならない。

さらに、本連携はビジネスプロトコルがほぼ統一されているが、エリアによりデータの癖があるため、システム構築上はその点も考慮していく必要がある。

ガスと水道に関しても、同様の考慮が必要になってくるであろうと推察する。

収入管理は決済コストと需要家ターゲットの見極めをする

収入管理に関して、既存サービスがない場合は、新規で収納代行業者と連携する仕組みを検討する必要があり、何らかの既存サービス事業を行っている小売事業者は、通常では現行の収納の仕組みを利用することが圧倒的に多くなるため、新規で仕組みを構築するケースは少ない。

料金計算した結果を既存の仕組みにどのように連携するかを定義すれば、業務は問題なく構築できる。通常は、基幹サービスでの顧客番号等をキーにして連携することになる。また、すでに外部の収納代行事業者に委託しているケースでも同様に連携を検討することになる。

ただし、未払いのケースにおける電気供給停止（廃止処理）について、特に一般家庭向け低圧小売の場合、その対応及び業務フローを検討しておく必要がある。

基幹システムで未収の情報は、エネルギーサービス側のシステムにも連携する必要があり、その業務のトリガーやフローを確定しておく。

支払いがなされない需要家は、解約手続きを行い、最終供給保障を業務として継続する送配電事業者に引き継ぐ必要があるため、その辺りの業務フローを確立しておくことになる。

電力事業専門の子会社や電力事業のみの新電力は、収入管理について、外部の収納代行事業者の利用を含め検討する必要がある。

通常であれば、口座振替、クレジット、コンビニ収納（最近ではペーパーレスコンビニ収納）があればほぼカバーできると考えるが、本業務の委託コストは比較的高いので、検討に際しては全体の採算ラインや効率の良い回収方式を念頭に置き実施する必要がある。

コンビニ収納は一般的に、ギリギリまで支払わない、または期限を過ぎてもまだ支払えることを知っている需要家が多くなるケースも想定され、通常選択できる支払い方法としては、できれば避けたい方式である。

口座振替の登録処理については、WEBで完結する方式もあるが、需要家が入力オペレーションをする上では、経験者が少ない分ハードルがあるため、紙ベースでの申し込みも想定しておく必要がある。

その場合、手続きに時間がかかるため、口座振替の登録処理が終了するまでの間の決済方法を検討することも必須となる。

需要家ターゲットにもよるが、リテラシーが高いと想定されるメールアドレスを保有している需要家には、払い込み取扱い票の印刷・送付コストの抑制及びほぼリアルタイムで入金が確認できるペーパレスコンビニ収納がお勧めである。

コンビニ収納は地方の需要家には結構ニーズがある方式なので、ターゲットのリテラシーを十分見極め、サービス方式の検討をすることになる。

特定の地方・地域によっては、金融機関よりコンビニのほうが店舗が多かったり、便利なところにあるケースもあり、収納方法のあり方は、このような地域特性等も考慮する必要がある。

本業務のシステムを構築する上では、カスタマイズが前提となるケースが多い。収納代行事業は世の中に数多くあるが、責任分界点を明確にするため、収納代行事業者がデータを加工することはほぼない。収納代行事業者側の仕様に基づき、小売事業者側でデータを作成し連携をする。

収納方法と連携方式の詳細を含め連携実績のある収納代行業者をシステムベンダーに提示させ、その中から収納代行業者を選定し、システム構築コストを抑えることも一考に値する。このとき、実績があり、手数料が安価な収納事業者を選定することは言うまでもない。

請求書または利用明細発行業務であるが、法人は未だに紙ベースを要望するところもあるが、効率化のために電子化する動きもあり、需要家ポータル等で印影付きの請求書を発行するように誘導している小売事業者も出始めている。

また、個人に発行する利用明細等もポータルで参照してもらう方式が随分浸透しているが、地方に行くと、多い地域では8割を超える需要家が紙ベースでの発行処理を要望するケースもあり、印刷専門事業者とのデータ連携を含め何らかの印刷・発行業務が求められる。

発行はコストがかかるため、有償化が当然であり、その方向で実施している事業者がほとんどである。

未収管理・債権管理の負荷を軽減するため、債権譲渡や回収サービス付きの収納代行業者を利用することも検討に値するが、コスト面も考慮して、一部の需要家ターゲットのみをその事業者に委ねる等、全体のバランスを見て利用する方式が賢いと考える。

また、需要家の事前与信チェックとして予備与信なる外部サービスを利用し、受け付け時点でリスクを最小化する処理を取り入れる方式も、獲得した需要家層の未収確率の状況によっては検討に値する。

収入管理については、決済コストを含めたオペレーションコストの大きな部分を占めるため、ターゲット層を見極めた上で、決済方法の仕組みの自社システムへの組み込みや代行事業者への委託を含め最適なコストで実現することが重要となる。

見える化（ポータル）にはお金をかけない

需要家ポータルには、一般的に下記の機能が必要となる。

○契約情報参照
○請求金額参照

※過去の実績も必要（通常は2年分の保有が多い）
※法人の場合、請求書の発行対応（最近は紙発行をしない事業者も増えている）
○使用値参照
※過去の実績も必要（通常は2年分の保有が多い）
※高圧（一部低圧メニューでも要望あり）の場合、30分電力量も必須
○申し込み処理（低圧）
・再点
・廃止
・アンペア変更
・需要家（名義）情報変更
・収納方法変更（カード変更等を含む）
○問い合わせ
○お知らせ機能

WEBからの導線で申し込みを増やそうとしている事業者もあるのは事実であり、エッジの効いたサービスであれば十分需要家を取り込める可能性があるため、申し込み処理等

を含めたフル機能のポータルも必要である。

前述の通り、新規顧客については、このポータルからではなく、フロントのランディングページから申し込みをさせるための導線作りが必要である。並行してコールセンター等への問い合わせをする導線も用意する。

また、既存の旧一般電気事業者の見える化サイトも、低圧については一部の需要家にしか見られていない。さらに、携帯等にメールで利用明細が通知されるサービスを行う場合では、その後わざわざポータルにログインするインセンティブは働かないのが実情であり、ポータルの必要性が低くなる。

法人は、請求金額を即確認したい（請求書が郵送の場合）、あるいは、30分電力量を速報で見たい（実際には現場に設置されるデマンドコントローラ等とは異なり、送配電ルートのデータのため、表示までに1時間前後遅れる）という要望があり、その点では有効である。

また、個人低圧でもこのデマンド値は、高齢需要家向けのメールサービス等で利用されている。今後は、もっと別のサービスで利用されるようになると想定される。

ポータルが必要になるのは、請求金額とその計算の元となる使用値について、最低限何らかの方式で需要家に知らしめなければならないためで、現時点では、本機能の存在価値はここにあると言っても過言ではない。

ただし、前述の通り、全ての需要家がポータルを参照できる、または参照するとは限らないため、紙ベースの対応も必要となる。

請求書を郵送するとなると1件あたり100円以上のコストが追加で必要となり、事業の収益を圧迫することになるため、有償化するのが適切である。

既存事業で需要家向けページを保有している場合は、そのページに請求金額や使用量を表示する方がよほど気が利いている。

集客面を考えても既存の需要家向け画面を有効活用するのは当然の手段であり、ランディングページを含むウェブサイトの仕組みにはお金をかけるべきであるが、ポータル機能はなるべくコストをかけずに最低限の業務が回る仕組みを検討するべきである。

今後のサービス戦略の変更においては、需要家ポータルを他のサービスと融合して、より差別化を図るツールとして利用するシーンが増えてくるであろう。

顧客価値創造ができる前提であれば、今後はこの機能にもIT投資をしっかりしていくことは有益となる。

システム連携は、既存側のシステム改修コストを考慮する

電力小売システムの導入に際しては、通常、既存事業との連携が必須であり、新たにサービスを立ち上げる事業者を含め大なり小なり必ず考慮する必要がある。

既存システムとの連携には、大きく次のようなものがある。

□既存システムとの連携例

① 収入管理との連携
料金計算後のデータを、請求の締め処理に合わせて、請求データとして作成・連携する処理となる。
・請求システムとの連携
・収納代行業者との連携
・印刷事業者との連携

② 会計システムとの連携

仕訳データイメージを作成するとコストがかかるため得策ではない。IT統制上データをそのまま連携したいというニーズはあるものの、あくまでも集計データを出力する程度に留めることが肝要である。

③　分析系システムとの連携

BI（ビジネスインテリジェンス）等を販売・収支分析等に利用する。顧客・契約・請求・使用量等の情報連携となる。また、コストを含めた収支計算結果を連携するケースもある。

④　営業支援システムとの連携

高圧の需要家の営業管理で利用する。顧客情報や見積もりの時点で入力した情報等の連携を行い、顧客管理側との二重入力を抑制する。

ただし、営業サイドで正確に情報入力が行われていないケースも散見するため、その点で連携のための業務改革は必須となる。

⑤　ランディングページ等、ウェブサイトとの連携

集客系サイトとの連携であり、通常はＡＰＩ連携の方式が多い。申し込み情報のデータ連携となる。ファイルのダウンロード、アップロードで対応するケースもある。

⑥　需給管理システムとの連携

需要予測のために利用する契約サマリー情報等の連携。日次（夜間）での連携となる。

顧客管理上で保有している、または今後入力・保有させる法人業種や個人特性データも郵便番号等のエリア情報と合わせて需要予測のために連携するケースも想定される。

⑦　基幹システムとの連携

既存サービス（基幹システム）とのデータ統合管理上必要な連携となる。

・受付システム連携（顧客番号連携・既存サービス契約の有無の確認）
・契約管理連携（新規・変更・廃止等のデータ連携）
・請求データ連携（既存請求システムとの連携）

通常、上記の連携は、必要に応じて電力の顧客管理システムよりデータファイルを出力し、日次・月次・順次で連携することになる。

自動連携も必要であるが、コスト面・運用面を考慮しながら、マニュアル的な運用を含め仕組みをどのように構築するかを決めていくことになる。

ケースにより、ステークホルダーとの調整が必要になり、時間がかかるため、早めに業務の仕組みを詰めていくことが適切である。

収納代行事業者等の外部事業者との連携は、カスタマイズになることが多くなる点は前述したが、基幹システム等におけるデータ連携は、連携先の基幹システムのコストが相当高額になるケースが多く、小売システム側で可能な限り吸収するか、業務運用でのカバーを含め可能な限りコストがかからない方法を探りたいところである。

コールセンターは、問い合わせ管理等において、電力顧客管理の業務画面そのものを利用する、あるいは既存の顧客問い合わせ管理の仕組みを利用することもあるため、コールセンター事業者との事前確認・打ち合わせも含め、連携を検討しておく必要がある。

外部連携においては、業務システム側で汎用的なファイル出力の仕組みを構築し、外部とのシステム連携は、自社で少し汗をかいて加工処理をする等の工夫をする。そうすることで、ベンダーに支払うコストは抑制できるので、一度検討したい事項である。

顧客管理は、自社の顧客財産を守り、自社戦略をスピード感を持って実行に移すための重要な業務であり、システムも同様である。

ただし、電力事業の特性から、当初よりITコスト及びオペレーションコストは最小化するべきであり、その創意工夫の中で業務を組み立てるべきである。

次からは、自由化当初より導入のハードルが急速に下がっている需給管理業務について、実体を見てみることにする。

需給管理業務はブラックボックスのない自動化がポイント

本項では、小売電気事業者が実施するべき需給管理業務について、簡単に概観する。

本業務は、小売事業者に課せられており、自社で構築しても、委託しても、または、BGに入っても、何らかの形で行わなければならない。

□需給管理業務

需給管理業務は、予測・ポジショニング、電力取引、計画策定、日々の需給管理・監視の業務に大別される。

当日の業務の流れと進捗を確認するＴｏＤｏ機能、ＢＧ管理機能、需給予測・ポジショニング機能、市場取引（スポット、時間前）機能、計画策定・提出機能、需給監視機能等が必要となる。

計画策定は、広域機関に提出する計画がベースとなり、日々の運用で重要なのは翌日・当日の計画策定・提出である。

需要予測は、過去実績をベースに、気象等の外部要因、需要家毎（特に大口）の特性・イベント等を加味し、大口の需要家毎や需要家グループ毎、またエリア毎に予測データを補正し、最終確定することになる。

需要予測が確定した状態で、調達側の電源を割り当てていく（ポジション作成）。自社電源、相対取引、常時バックアップ、ＦＩＴ電源等を割り当て、過不足を追加の市場取引等で調整することになる。

その上で、翌日分の計画を確定し広域機関に提出して、計画値同時同量の制度対応をする。

当日、監視業務を行うが、予想が外れた場合は、その後の時間帯の予測を補正し、不足・余剰の調整をするため、市場取引等を行いインバランスが出ないよう調整を行っていく。また、計画が変更になる都度、常時バックアップや広域機関への計画変更提出が必要となる。

本業務は、新たに参入する事業者にはハードルになる業務であり、当初は外部委託する、またはBGに入る等で、業務を組み立てることも可能である。

しかしながら、中長期で見た場合、電力事業を継続していくならば、最終的には自社で運用できるに越したことはないと考える。

正常系業務であればシステム化により相当自動化ができるため、やる気さえあれば、需給管理システムを立ち上げ支援付きで導入し、当初からノウハウを積み上げることも可能である。

前述の通り、リーズブルなコストで立ち上げ支援をしてくれる専門事業者もあるため、自由化当初よりは、自社にとってベターな方式を探ることができる状況にある。

需給管理の自動化は、システムベンダー側がよくセールストークで使うが、詳細を見ると、トークと現状には大きな差がある。

自動化には、需要予測・補正、ポジショニング、市場取引、計画提出等の要素があるが、需要予測についてはまだまだであり、将来的に進化していくべき機能である。

エネルギーの需要は、気象に大きく影響されることは言うまでもないが、気象データが外れる以上、需要も正確に予想することは難しいのが現実である。

一番重要なことは、その「自動化」なるものが、ベンダーのブラックボックスになっていないことである。画面毎の操作のシーケンスが需要家側でも登録でき、エラーが発生した場合の対応が簡単にできるかという視点が重要である。

また、ポジショニングのルールや市場取引の入札カーブ等も一定の数式を利用者側で定義して、簡単に設定できる機能等もポイントとなる。

さらに、平日時間外及び土日祝日の監視が、メール自動送信やメール自動解析等によるIVR※3-10・RPAの自動音声・自動発信対応で可能になっているため、監視業務の委託方式は進化しており、事業者にとって業務の負担はかなり軽減される方向である。これにより、監視業務に関わる外部委託のコストは大幅に削減されることになる。

需給管理については、今後、制度設計及び電力取引のあり方やインバランスの制度が変わっていくため、全般的な動向を十分に注視し、自社の戦略面とコスト面とのバランスを熟考しながら、現時点でベターな仕組みを構築するべきである。

システムを含めた仕組みの進展により、導入のハードルが下がってきている現状に鑑《かんが》

※3-10　IVR（Interactive Voice Response）
自動音声応答装置。電話の応答と音声による情報の入出力や対話をコンピュータで行う装置。

み、導入できる状況になっているのであれば、積極的に検討するべきである。

□電力取引

電力取引は、電力取引所に需給管理システムから自動連携する方式と電力市場が準備したシステムに直接入力する方式に分けられるが、基本的には翌日・当日の計画に基づき、需給管理システムで調達電源を優先度に応じて割り当てた後、過不足分については自動連携で電力取引所が必要な取引（入札、約定結果取り込み等）を実行することになる。

電力取引については、自由化時点では1時間前市場の取引対応等を行ったが、2018年度には連系線の考え方が間接オークション化してスポット取引単位の変更等があり、今後はベース電源や需給調整市場、先物取引市場等への対応が必要となる。業務面及びシステム面での追随が必要となるので、その点を踏まえシステム選定を行う。

この機能についても、前述した自動化は欠かせない機能となる。

□計画提出（電力広域的運営推進機関）

小売事業者は広域機関に計画を提出する義務があり、その概要は下記の通りとなる。この業務も、翌日・当日の作業範囲では自動化することが望ましい。

○需要計画・調達計画・販売計画
・年間計画・月間計画・週間計画・翌日計画（30分毎の計画）
・当日計画（30分毎の計画）
○発電計画・調達計画・販売計画（発電事業者）
・年間計画・月間計画・週間計画・翌日計画（30分毎の計画）
・当日計画（30分毎の計画）
○供給計画

広域機関が用意している下記の方式で提出する。
・WEB直接入力（各種計画、作業停止計画）
・ファイルアップロード（供給計画を含む各種計画、作業停止計画）
・JX手順（システム自動連携：各種計画）※データ・アプリケーション社のソフト利用

需給管理のシステムを導入する場合、基本的には、本作業は広域機関の計画システムと自動連携になるケースが多く、業務としては自動化されることが基本となる。

需給管理については、電力事業を中長期的に行うのであれば、ぜひ自社で構築したい仕組みであり、需要家の契約シェアが確保できてきた際に、電源調達を自ら行うという選択肢が取りやすくなる。

新興ＩＴベンダーが提供する機能面とコストのバランスの取れたシステムの選択により時間外の監視を含めた自動化の実現が可能となっており、また、実務経験のある実質的でコストパフォーマンスの良い最適な導入支援サービスも利用できる状況になっている。

特に、長期的な事業計画を持っている場合は、可能な限り検討したいところである。

収支管理はシミュレーション機能が肝

収支管理には、実績管理とシミュレーション機能がある。

実績管理は、日次・月次で収支の実績を集計・管理する機能となる。顧客管理側の売り上げと需給管理側のコストデータをマッチングし、収支として見える化するのだ。

一方、シミュレーション機能は、需要予測、発電予測、燃料市場の予測、市場のフォワードカーブ（価格指標）、需要家の増減、ポジショニングのパターン変更、独自・相対の燃料費調整計算等を含む、収支のシミュレーションとなり、単年度、中期計画、需要家毎増減の収支インパクト等を見える化する。見積もり時点、供給時点、将来予測を比較し、収支をコントロールする上で、シミュレーション業務は最も重要である。

実績管理は、売り上げの面積計算をどうするかで、事業者により考え方が分かれている。月次確定値ベースで計算するか、日次確定値ベースで積み上げ計算し、月次で補正をするか等の違いとなる。

当然、月次確定値ベースの場合は、分散検針ベースもあるため、当月の月末時点では速報の収支は把握できないことになるが、欠損補正した日次確定値ベースの場合は、日次でも月末時点でも速報ベースであるものの収支は見える化できる。

コスト側は、BG等に入っているかどうかでも変わってくるが、基本的には、電源コスト、託送料金、インバランス想定をインプットとして、使用量の積算で計算し、売り上げ金額と合わせて収支を計算する。

ただし、託送料金やインバランス料金の確定は、翌月・翌々月になるため、確定補正をかけることになる。

シミュレーション機能は、下記の概要機能で構成され、大量データを扱うため、いかに効率よくデータを要約し整理して保有するかが肝となる。

・マスタ管理：確定値、燃料市場、電力市場、天候データ、ロードカーブパターン、需給管理系マスタ（BG、発電・需要BG情報等）の情報管理
・ロジック設定：ポジションルール、燃料費調整（相対売買を含む各フォーミュラ設定）
・ロードカーブ策定：発電・需要ロードカーブ生成
・フォワードカーブ策定：外部策定データのインポートまたは、システム内で生成
・シミュレーション：ポジションテンプレート設定、収支予測設定、シミュレーション実行、見積もり用仕切り算定
・データ連携：需要家契約情報連携、見積もり諸元データ連携等
・ダッシュボード機能：収支各種データ一覧、ドリルダウン参照機能

本機能は、本格的にシステム化している事業者は少なく、エクセル等で行っているケースが多い。

本業務は、事業推進・戦略立案上、非常に重要であることは間違いなく、可能であれば、エクセル等の属人化しやすいインフラではなく、基盤のシステムとして準備をしていきたいところである。安価なクラウドサービスも利用できるようになってきており、サービス利用方式等も検討しながら実現すればよいと考える。

図12　収支シミュレーション・実績管理

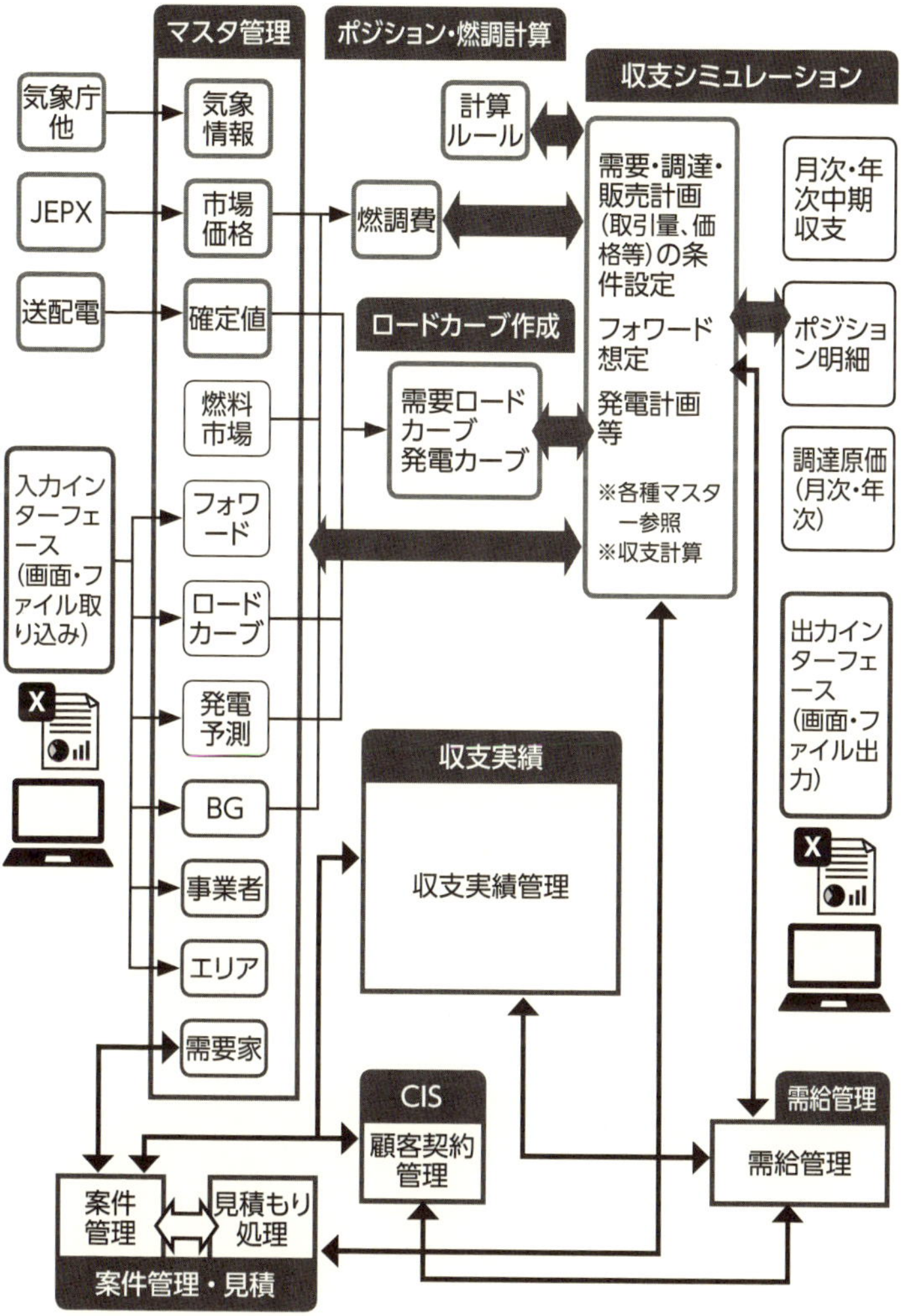

最後に、新規参入者におけるガス関連の業務・システムを概観する。

新規参入者のガス事業は、連携以外の選択肢はない

ガスの新規参入は、先述の通り、ガスの供給元の選択肢がほとんどない状況と保安業務のハードルがある点で電力と異なり、広域機関やスイッチング支援システムがないため、大手電力会社や都市ガス会社が構築したスキームを利用しながら業務フローを組み立てるのが現実的である。

基本的には、申し込み情報入力・連携、処理状況の照会、問い合わせ情報入力・連携、料金計算データの連携・請求業務への取り込み等が主な業務となる。

スイッチング業務は、最終的に都市ガス会社にデータを送る必要があるが、その仕組みも統一はされておらず、提供されたスキームにおけるサービスに連携するしか方法がない。

同時に、保安業務サービスも提供されており、電力の契約切り替えの際には発生しない、立会い業務も含め、スイッチングのタイミングでデータ連携し、委託する形を取るしかないのが実態である。

図13　ガス事業システム構成参考例

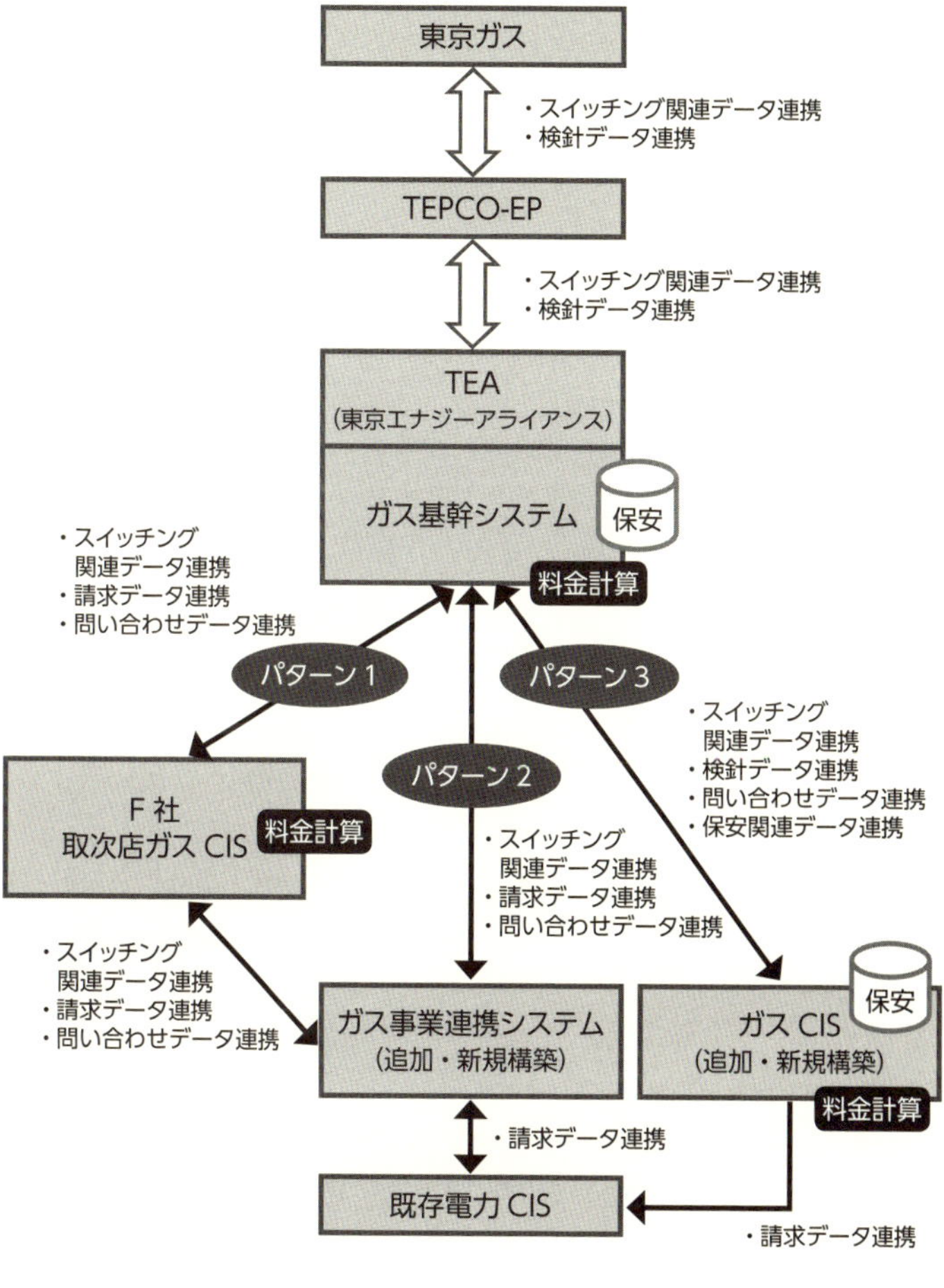

請求データを供給地点毎の使用量をベースに計算するのは電力と同じであるが、この計算業務も提供されたサービスで実施されるので、その結果の明細データを自社の請求データとして利用する形になる。

検針日が電力と異なるため、合算請求の場合は、月末で合わせる等の処理のタイミングの調整と運用上の工夫が必要となる。

新規参入者としては、それほど収益性は良くない事業であるが、需要家の要望に応えてセット販売をしていくことにより、ポイント制導入なども含め、スイッチング防止の効果があると想定されるので、参入を検討する事業者も徐々に増えることになるであろう。

今後、自由化の進展とともに、参入事業者の選択肢は多少増えると考えられるが、ガスの供給元が、旧一般電気事業者や都市ガス会社等に限定されること、また保安業務を安定した要員・体制で提供できる事業者もある程度絞られる点、さらに、電力の競合状況にある関係等も踏まえると、スキームの組み立ての方法はかなり限定されることを前提に事業を検討する必要がある。

ここまで、業務の詳細の内容とシステム化のポイントを概観し、エネルギー事業の第一フェーズ及び第二フェーズへのステップとして、検討するべき内容を解説した。次章からは、今後のＩＴ戦略を中心にお話ししていく。

第4章 エネルギー事業で勝ち組になるためのIT戦略

▼▼▼

この章では、今後のエネルギー業界の動向を概観し、かつ、エネルギー業界のプレイヤーの今後の展開を想定しながら、生き残るためのIT戦略をどう考えていくべきかについて言及する。

10年後、20年後のエネルギー業界に向けた対応

２０１８年7月に経済産業省から発表された第5次エネルギー基本計画には、福島第一原子力発電所の事故の反省と教訓を原点とした、２０３０年、２０５０年に向けた取り組みが記されている。

２０３０年に向けた方針は、エネルギーミックスの確実な実現へ向けた取り組みの更なる強化が謳《うた》われ、２０５０年に向けては、パリ協定発効における脱炭素化への世界的動きに合わせたエネルギー転換・脱炭素化に向け、あらゆる選択肢の可能性を検討するとなっている。

基本計画の骨子では、省エネルギー、**ゼロエミッション**[※4-1]電源比率向上、電力コストの低減、エネルギー自給率の向上が挙げられており、分散エネルギー、再生可能エネルギーの重要性が大きくなっている。

また、電力・ガス自由化の推進面では、異業種からの新規参入や地域単位でエネルギー需給管理サービスを行ういわゆる地域新電力等がエネルギー供給のスキームに参加し、さまざまなエネルギー源を供給することで、エネルギー市場の競争が活性化し、エネルギー

産業の効率化が促進されるとしている。

競争の促進と市場改革など中長期的な事業環境の整備、**ＡＩ**[※4-2]、**ＩｏＴ**[※4-3]を利用したイノベーションなどを推進する必要があり、それが、地域創生、活性化に貢献することに言及している。

需要家主導のエネルギー需給構造の変革も盛り込まれており、需要家の選択肢が増えることで、分散エネルギーの活用等より需要の柔軟性が高まるとしている。

需要動向がエネルギー供給源の構成割合や供給規模に影響を及ぼし、効率化すると同時に、地産地消型の再生可能エネルギーの普及や**コジェネレーション**[※4-4]の普及、蓄電池等の技

※４－１　ゼロエミッション（Zero Emission）
環境を汚染したり、気候を混乱させる廃棄物を排出しないエンジン等の仕組み、その他のエネルギー源のこと。

※４－２　ＡＩ（Artificial Intelligence）
人工知能。言語の理解や推論、問題解決などの知的行動を人間に代わってコンピュータに行わせる技術。

※４－３　ＩｏＴ（Internet of Things）
モノのインターネット。さまざまな「モノ（物）」がインターネットに接続され、情報交換することにより相互に制御する仕組み。

※４－４　コジェネレーション（cogeneration）
内燃機関、外燃機関等の排熱を利用して動力・温熱・冷熱を取り出し、総合エネルギー効率を高める、新しいエネルギー供給システムのこと。

術革新、ＩＴイノベーションにおけるＡＩ・ＩｏＴの活用で、需要サイド主導の分散型エネルギーシステムの一層の拡大が可能となるとしている。

需要家が自ら発電し、電力需給の一角を担うようになる。つまり、**プロシューマー**※4-5による電力供給が本格化する可能性を示唆《しさ》している。

電力分野におけるデジタル化・データ活用が推進され、新規事業が創生できるようになると同時に、事業の収益性が改善される。また、この時点で、送配電事業者の役割が変化していくことにもなる。

今後、事業者は再生可能エネルギーを含む分散電源の活用や、蓄電池やＥＶを含む**VPP**※4-6の仕組みの連携等を考慮していく必要が出てくると想定される。

※4-5　プロシューマー（prosumer）

プロデューサー（producer）とコンシューマ（consumer）を組み合わせた造語。エネルギー分野では、住宅やビル、工場等需要家側が、電力生産者になるということ。

※4-6　VPP（Virtual Power Plant）

バーチャルパワープラント。電力系統に接続された発電設備、蓄電設備の保有者または事業者が、そのエネルギーリソースを制御することで、発電所と同等の機能を提供すること。※これには逆潮流が含まれる。逆潮流とは、自家発電事業者等が、消費電力よりも発電電力が多くなった場合に、余った電力を送配電側に戻るように流すこと。また、需要家とエネルギーリソースが同一地点でないケースでは、直接電力を送配電側に流すこともある。

図14　電力分野におけるデジタル化・データ活用の動向

● 他の産業分野と同様、電力分野においてもビッグデータや IoT 等のデジタル技術を活用した競争力強化の取組が広がっており、新規事業の創出や収益性の改善が期待されている。

	目的・提供価値	代表的な取組事例
新規事業創出	**エネマネサービス開発等**	•ブロックチェーンP2P電力取引【送配電・小売】 •分散型需給システムの構築【送配電・小売】
	エネルギー以外の**新規サービス開発**	•電力使用量データ（スマートメーター）の活用【送配電・小売】
収益性改善	**自動・最適制御化**（最適制御等）	•IoT、AI技術等を利用した発電所の超高効率運転【発電】 •小売電気事業者による最適な調達計画・収益性分析【送配電・小売】
	省人化・保安力（遠隔化・自動化）	•IoT、AIを活用した保安技術の向上【発電・送配電】（ex.送電線外観点検、鉄塔劣化診断におけるドローン活用等）
	情報化（形式知化・予測・共有）	•小売電気事業者による最適な調達計画・収益性分析【小売】 •再エネ出力予測【送配電】

出典：資源エネルギー庁　2018年5月18日　電力分野におけるデジタル化について

また、省エネルギーの観点では、**デマンドレスポンス**※4−7（以下、ＤＲ）のビジネスが本格化する可能性も出てくる。

さらに、このＶＰＰやデマンドレスポンスを集約してビジネスを展開する**アグリゲーター**※4−8の存在も大きくなると想定されている。

アグリゲーターには、リソースアグリゲーターと言われる需要家とＶＰＰサービス契約を直接締結してリソース制御を行う事業者と、アグリゲーションコーディネーターと言われるリソースアグリゲーターが制御した電力量を束ね、一般送配電事業者や小売電気事業者と直接電力取引を行う事業者に大別される。

また、このエネルギー・リソース・アグリゲーション・ビジネスを、プラットフォーム事業として展開する事業者も現れる。

※4−7　デマンドレスポンス（Demand Response）
ＤＲとも言う。需要家側エネルギーリソースの保有者もしくは事業者が、そのエネルギーリソースを制御することで、電力需要パターンを変化させること。ＤＲは、需要を減らす（抑制する）「下げＤＲ」、需要を増やす（創出する）「上げＤＲ」の二つに区分される。

※4−8　アグリゲーター（Aggregator）
需要家側エネルギーリソースや分散型エネルギーリソースを統合制御し、ＶＰＰやＤＲからエネルギーサービスを提供する事業者のこと。

図15　ネットワークシステムの役割変化

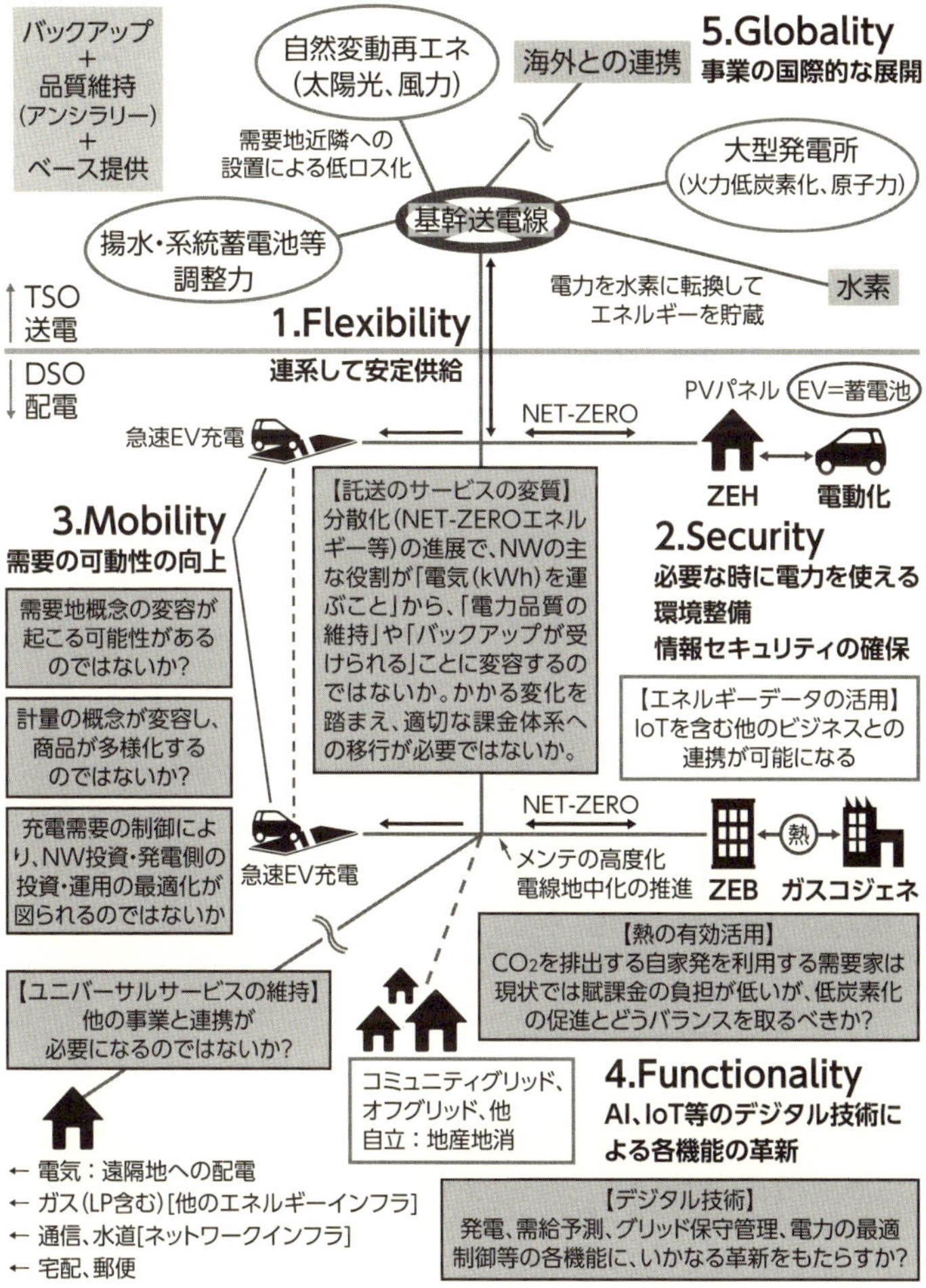

出典：資源エネルギー庁 2018年7月6日 第五次エネルギー基本計画を踏まえた
電力・ガス政策の方向性について

地域過疎化と合わせて、送配電事業のコストは同一エリアでも差がついていく可能性があり、送配電コストに影響を受ける電気料金も、自ずと同一エリア内でも地域格差が出て料金メニューに反映される時代がくると想定される。

これにより、地域での分散電源の活用はさらに推進される可能性が大であり、それをビジネスにする事業者が出てくると想定される。

また、EVの普及においても、蓄電池として利用するようになれば、地方における分散電源の活用シーンは増えていくであろう。

勿論、この数年では実現しない制度・インフラやテクノロジーも多く、10年のスパンで実現するものもあるため、サービス事業者として、新しいものにすぐに飛びつく必要はない。したたかに、制度の方向性、業界の動向を見極めて準備していくことが重要となる。

ただし、FIT卒業電源等が2019年からビジネスとして組み込まれる動きも全国的に始まるため、卒業電源を活用した新たな料金プランやPPA[※4-9]事業等具体的なサービスへの追随は必要であり、大きな流れには乗っていくことになる。

昨今、先行した小売事業者が、テクノロジーを駆使したサービスや仕組みを公表してい

※4-9　PPA（Power Purchase Agreement）

小売電気事業者と発電事業者の間で結ぶ「電力販売契約」のこと。

図16　アグリゲーションサービス概要図

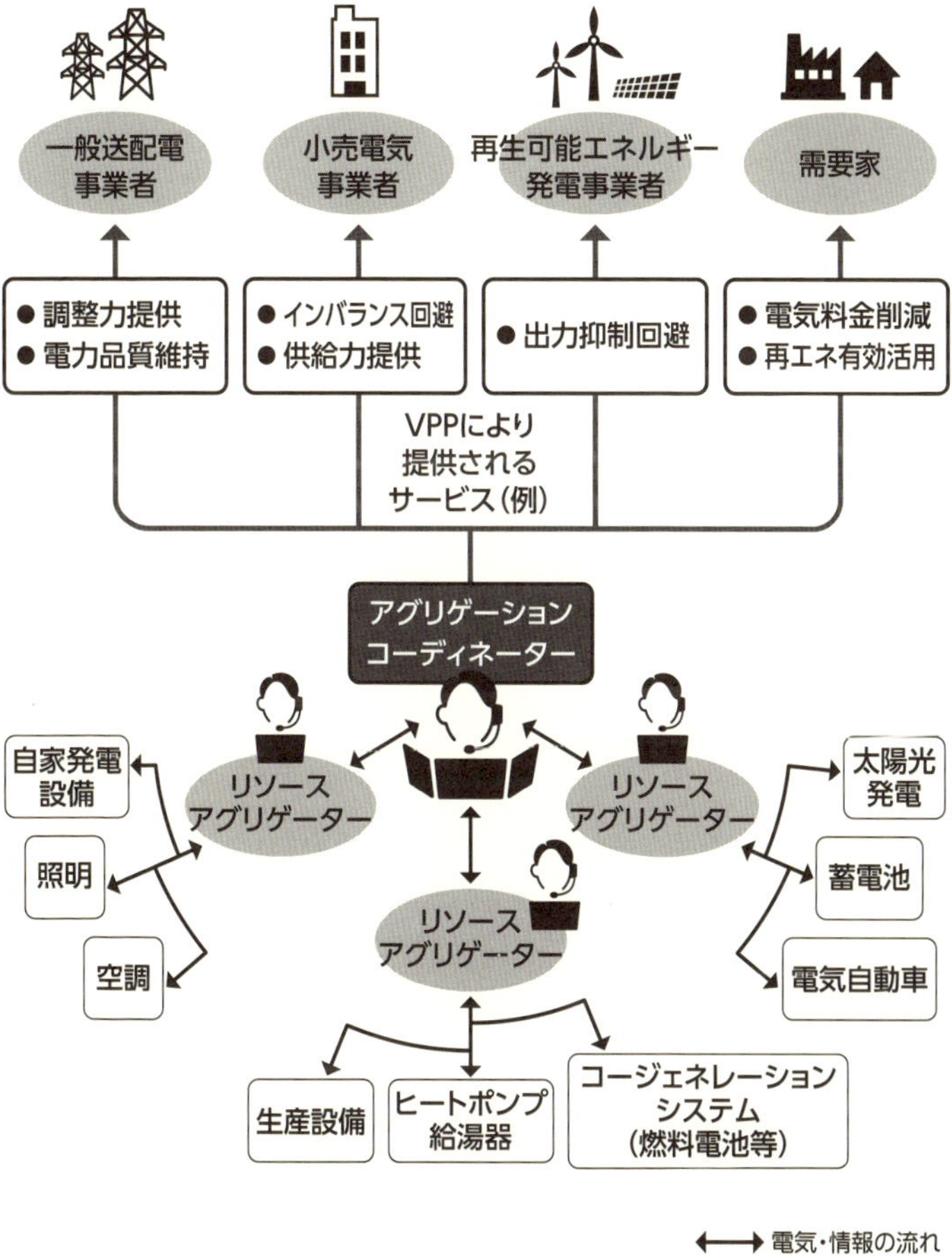

出典：資源エネルギー庁HP

るが、慌てる必要は全くない。

その仕組みが制度化されると決定されているわけでもなく、現時点で普及モデルになっているわけでもない点を、十分見極めながら今後の対応を検討していけばよい。


いずれにしても、この分散電源等周辺のビジネスを展開していくためには、DERMS[※4-10]やBESS[※4-11]等との連携モデルを将来的に確立していく必要があり、中長期的なスコープに入れて事業展開と事業の仕組み作りをしていくことになるであろう。


前述した通り、2018年12月に国会を通過した改正水道法は、所有権は地方自治体のままで、運営権を民間に売却するコンセッション方式を推進するものである。

水道管の老朽化は大きな問題であり、地球2周分とも言われる、耐用年数の40年を超える想定10万kmの保全運営が大きな課題である。1kmあたり1億円はかかると言われているため、そのコストが大きな問題となっている。

一方で、節水や人口減における需要の減少も相まって、民間に運営を委託し効率化できないかという動きでもある。

しかしながら、パリやオランダの例を見ても、品質低下や料金の高騰により、再び公営化しており、実に37カ国で同様の事象が起きている。

民営化すれば、コスト負担の観点から、水道料金が上昇することはほぼ間違いない。しかし、命に関わることもあり品質低下は大変な問題なので、コスト上昇を、エネルギー事業全般で少しでもカバーしていくような地域サービスが出てくることを期待したい。

少子高齢化・過疎化に対応した見守りサービスや空き家管理サービス等の地域に根ざしたサービスと合わせて、電気・ガス・水道の一括サービスも、今後必要になると考えられる。

今後の業界は、あと1、2年の間でガスを含め参入事業者が増えていくと同時に、M&Aや再編・統合等の動きが開始され、いよいよ事業者が勝ち組になるための動きを加速していくと想定している。

2018年をM&A元年として、今後、事業統合や事業戦略変更等の事例は増えていく。

※4-10　DERMS（Distributed Energy Resource Management Systems）
太陽光発電や蓄電システムなどの分散型エネルギー資源（DER）を管理するシステム。このシステムにより、配電系統の運用効率化に寄与できる。

※4-11　BESS（Battery Energy Storage Systems）
蓄電池の蓄電・放電制御をする管理システム。配電系統への放電や需要家側の利用等の制御を効率よく行う。

また、小売事業者のサービス提供のあり方も大きく変わっていく可能性が大であり、料金メニューを含め他の事業者と差別化できる付加価値を提供していく必要に迫られるであろう。

異業種の参入やサービスとの融合を含めさまざまな新しいサービスが提供され、ポイントの利用等も多様化し、かつ、価格競争しないモデルが多く出てくると考えられる。

支払い方法も、多様化すると想定される。プリペイドモデル、定額モデル、日々課金等の支払い方法の多様化ともに、例えばLINE Pay、PayPayのような新しい支払い方法も出てくることは容易に想像できる。

ポイント活用や新たな支払い・決済サービスについても、サービス事業者は、差別化するポイントとして検討していくことになる。

また、BGの再編・統合や、BGからの独立、小売事業者から取次店への転換、または取次店から小売事業者への移行等も進んでいくと考えられ、参入事業者は、自社のポジショニングを冷静に分析しながら、どの方向に事業を持っていくのかという判断を迫られることになる。

電力市場もベースロード市場、容量市場、需給調整市場の創設が予定されており、事業者にとっても電力取引は多様化していくと同時に、その市場を生かした、また、それに呼応したサービス提供をしていくと予想される。

現在60％程度と言われているスマートメーターの普及率が今後さらに上がることにより（スマートメーターは、2023年から2024年にかけて全国で設置が完了すると言われている）、そのデジタルデータをもとにしたさまざまなサービスが、小売事業とセットになり展開される方向もある。

例えば、高齢化社会に向けた新たな事業として、空き家対策、宅配効率化、緻密な小売サービス展開等がある。

ガスの自由化は、業界の競争が激しくなるなか、セットのサービスとして開始する事業者は増えていくと想定できるが、ガス市場がない点、保安業務の義務がある点で、大きな変革は当面望めないかもしれない。

ただし、事業をする上で必要となる供給・保安サービスができる協業先の選択肢はある程度増えていくと想定できるので、参画する事業者も増えていくであろう。

その点を踏まえて、かつ、セット提供による顧客価値創造を考慮して、ガス事業への参入も検討していく必要がある。

サービス事業者は、今後のエネルギー政策や制度設計、業界動向、エネルギー市場動向等を見極めながら、自社の戦略を展開していくことになり、その戦略を支えるＩＴ戦略は益々重要性を増すことになる。

専門化が加速していくプレイヤー・サービサーの動向

ここまで、今後のエネルギー業界の動向を見てきたが、ここからはエネルギー事業を支えるプレイヤー・サービス事業者の専門化について、今後の想定を解説する。

電源供給については、分散電源の利用が本格化しアグリゲータビジネスができるようになるまでは、現実的にはプレイヤーの構造は大きく変わらないと想定できる。

また、送配電事業も、国の政策の大転換がないと当面は変わらないと考えられ、前述した分散電源利用が本格化したとしても、送配電コストの考え方は変わるであろうが、事業スキームが大きく変わるとは現時点では想定できない（ただし、今後の制度として、発電事業者の託送負担は検討されている）。

現実的には、小売事業を支えるサービスは、それ以外の分野で提供が開始されると予想しているが、今後も制度設計がきちんと推進されることが大前提となる。

小売事業者が収益を確保でき、事業が継続できるよう、政策・制度側のプレイヤーは自由化をもっと推進するためのアクションを継続的に取っていく必要がある。

特に、電源が十分に確保できる状況になっていないと新規参入組へのサービスは継続できないと考える。

今後のプレイヤーに関わるサービスとしては、現時点で、下記のような変化が起きるであろう。

・BGのより一層充実したサービス
・BGのサービスの分解型モデル（専門サービス化）
・スモールビジネス専用サービス
・単独専用サービスの多様化とアグリゲートサービス
・地域新電力の特化型サービス

BGのサービスの充実はすでに開始されているが、今後はより一層のサービスの充実・差別化が進むと考えられ、顧客分析機能、シミュレーション機能を含めた収支管理機能、案件管理・見積もりシステム提供、収納代行系サービスの共通化やBPO、コールセンターを含めた受付処理等の最新技術（例えば、RPAやIVR・AI等の先進技術）の共同利用などが考えられる。

一方で、ＢＧのサービス分解型モデルも現れると想定している。

現在も電源卸供給と需給管理がセットになっていないバーチャルＢＧ等の存在はあるが、よりサービスが多様化し、提供される品揃えが増える。

小売事業者が電源供給を受けつつ、提供されるプラットフォームから必要なサービスのみをチョイスして、利用するというモデルになる。

このモデルが現在と異なるのは、そのサービスが多様化し、機能分化した専門化したサービスを自由に選択して利用できるようになることであり、サービスを利用する小売事業者の選択肢が増えることで、さまざまな独自の事業の組み立てが容易になる。

スモールビジネス専用サービスとは、中小規模の事業者がグループを形成するが、ＢＧではなく、独自の事業展開をするケースで利用する。

電源調達は相対取引等共同で行い、市場調達は、市場参加できるグループ内の小売事業者から卸供給をしてもらう仕組みを構築する。

需給管理や顧客・契約管理、料金計算・請求業務は、ＢＰＯセンター等を共同で作り、集中処理を行うことで、徹底的な業務の効率化・コスト削減を実現する。そして、このような事業スキームにおける必要なサービス機能を提供する専門的サービスモデルとなる。

このサービスを事業者が自ら組成するケース以外に、業務とシステムについては、その仕組みを安価に提供するプラットフォーム事業者も現れる。

単独専用サービスについては、中小規模・大規模にかかわらず、事業全体（大手には必要ない機能も多くあるが）のスキームを、最適な形で組み上げるアグリゲーションとなる。

事業者が実現したい方向を確認して、電源調達はもとより、業務・システムの組み立てを最適化するサービスとなる。今後、事業で実現したい機能は多様化するため、コストと実現スピードを重視して、組み立てを行う小売事業者にとってもありがたいサービスになると考える。

地域新電力の特化型サービスとは、地域新電力のオリジナリティを生かせるモデルであり、例えば、決済サービスは地元の金融機関だけでよいため、口座振替のデータを連携する仕組みを提供するサービスや地域コインの活用サービスなどが挙げられる。

収納代行業者を利用しないだけでも、オペレーションコストの大きな改善につながる。

地域雇用を創生する、あるいは廃校利用など駆使したBPOセンターやコールセンターの共同立ち上げや分散的なクラウドサービスのような組み立て等も考えられる。

また、地域新電力同士が連携し、ふるさと応援やポイントを交換して特産物のモールで活用できるプラットフォームの提供等が考えられる。

これは、地方都市を中心とした地域新電力が地域連携モデルを展開した場合でもあり得るサービスであり、より大きな意味での地産地消モデルとなる可能性がある。

今後、エネルギーサービス事業者を支えるサポートサービスも多様化していくことが予想され、事業の組み立ては、その外部サービスをうまく組み合わせる、または一部利用する等、事業戦略を迅速に実行できる方向で検討していくことになる。

また、自らサポートサービスを支えるプラットフォーム事業者になる方向も、可能な環境にあれば一考に値する。

いずれにしても、自社の事業戦略及びそれを支える業務・ＩＴと外部サービスをいかにうまく組み合わせるかが、大きなポイントとなる。

エネルギー事業を支えるＩＴ化実現の方向性

ここでは、現状を概観した上で、エネルギー事業を支えるシステムの構築の方向性と、今後進むべき方向性を示唆することにする。

小売事業を支えるシステム構築の現状は、下記のタイプに分類できる。ここでは、二大業務である顧客管理と需給管理について言及する。

□ＢＧ参加

・全てＢＧの提供システムを利用
需給管理はＢＧなので必要ないが、顧客管理・料金計算等の仕組みをそのまま利用
・顧客管理システムは自社で構築
顧客管理は重要なので、自社でシステムを構築し、ＢＧ側需給管理システムとデータを連携

□バーチャルＢＧ参加

・全てバーチャルＢＧの提供システムを利用
需給管理は委託し、顧客管理・料金計算等の仕組みもそのまま利用
・顧客管理システムは自社で構築
※大手は、一部業務をＢＰＯ事業者にアウトソーシングしているケースあり
顧客管理は重要なので、自社でシステムを構築し、委託した需給管理システムとデータを連携
・顧客管理・需給管理システムともに自社で構築
・需給管理業務を自社・グループで実施パターン

・需給管理業務は委託するパターン（システムは自社またはグループで保有）
・需給管理業務の時間外・土日祝日の監視業務のみ委託（定型オペレーションのみ）
※大手は、一部業務をＢＰＯ事業者にアウトソーシングしているケースあり

□単独事業者

・顧客管理・需給管理システムともに自社で構築
・需給管理業務は委託
・需給管理業務の時間外・土日祝日の監視業務のみ委託（定型オペレーションのみ）
・全て自社運用
※大手は、一部業務をＢＰＯ事業者にアウトソーシングしているケースあり

顧客管理は当初から自社で実現したいところであり、需給管理は、当初は厳しいかもしれないが、事業開始の2～3年目で、中長期的事業の観点から、自社構築・運用を検討してもよいと考える。

さらに、前述した顧客管理及び需給管理のシステム構築の方法についてパターンを分けると下記のようになる。

① ベンダーシステムをカスタマイズして利用（クラウドサービス利用を含む）
② 独自システムを開発（ただし、外部専属ベンダーに丸投げ）
③ 独自システムを開発（スイッチング支援システムとの連携等、一部モジュールをベンダーから提供。あとは独自開発）
④ 全て独自開発（自社要員で基本的には開発）か一部委託して開発
⑤ 全て独自・自社開発（自社要員での開発）

小規模な事業者で一部の業務をエクセル等の独自システムで展開しているケースを除き、ほとんどが①のパターンであり、②と③のパターンは少数派、④⑤に至ってはほぼレアケースと考える。

小売事業者で、情報システム部門を自社内に構えており、業務とシステム両方の知見のある要員体制を持った事業者はかなりレアである。

また、そのような要員がいたとしても、自社の要員のみで全てのシステムを開発できるだけの体制はない。

特に、需給管理は専門性が高い業務であるため、その業務の知見があってもシステム開発ができる要員は相当少ない状況である。

ベンダーシステムをカスタマイズして利用することは現実的であり、選択肢として問題があるわけではないが、ベンダーの選択を間違えると事業にブレーキがかかるような事態に陥り、今後自由化競争の足かせになるのは明白である。要は、ベンダー選定が非常に重要になるということである。現状でも、そのような状況に陥り困っている事業者は多く存在する。

特に、中堅以上の大手小売事業者では、実際に困っている事例を多く見かける。

ここで提起したい一番の大きな問題は、コストとスピードになる。

コストは、カスタマイズを含むシステム構築時に必要になる一時費用と、ランニング費用にあたるサービス費用（クラウドサービス費用とカスタマイズ部分の保守費用等）に分けられる。

小売事業は、制度設計や市場の動き等に伴う事業の軌道修正やサービスの見直しがあり、それに伴い業務の改善・改修が当面継続されることから、それを支えるシステムも継続した改修対応が必須となる。

一時費用やランニング費用が高額なのは論外であるが、この改修費用も積み上がると相当大きなコストになり、かつ、その保守費用も追加されるため、累積コストは事業収支に

図17　小売事業システムのあるべき姿（第二フェーズまでのITの姿）

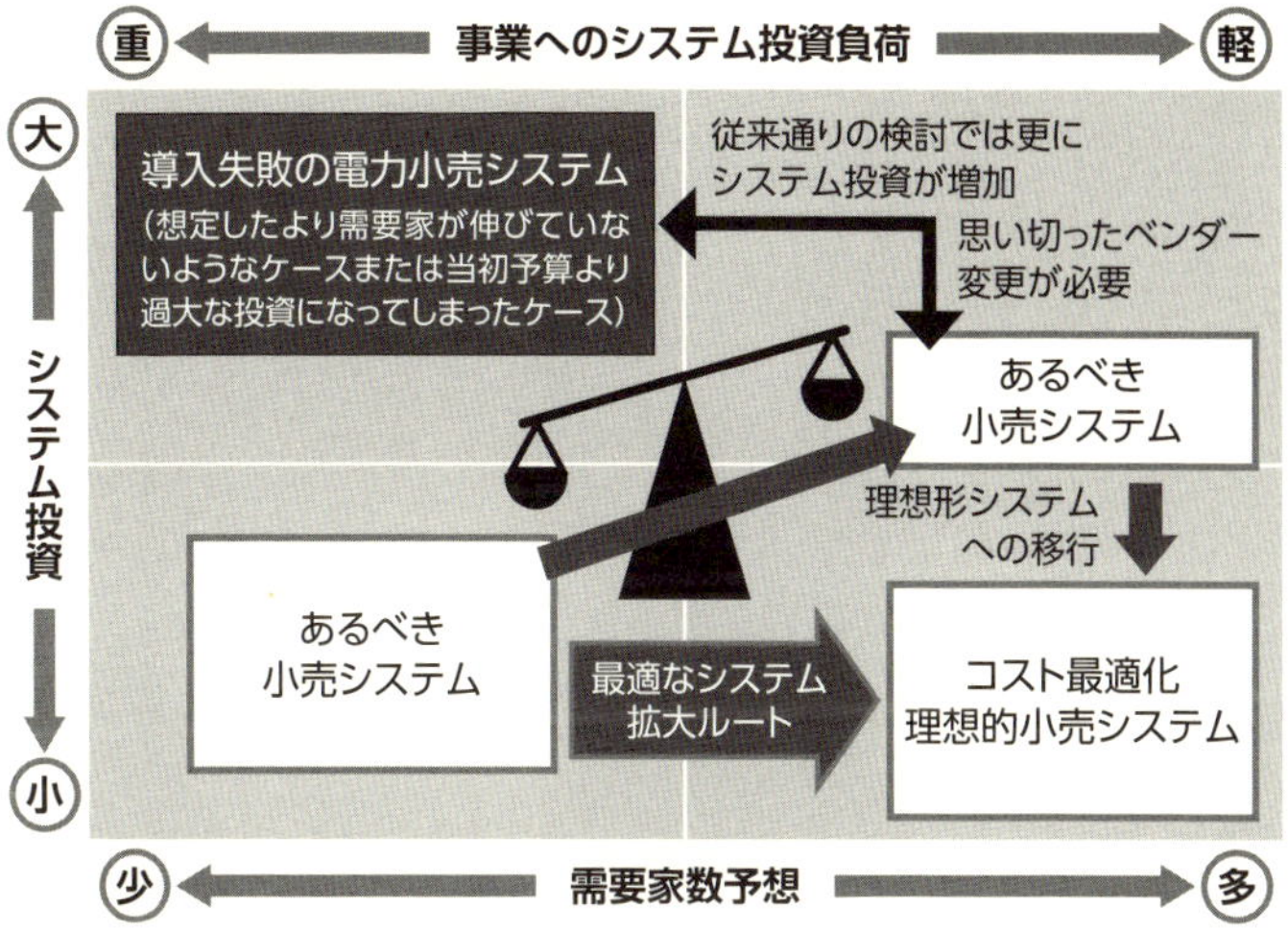

大きな影響を与えるようになる。

通常のシステム開発では、開発システムの保守を加味すると5年間で一時費用の2倍のコストがかかるが、改修コストがプラスで50％積み上がるだけで、5年間で3倍のコストになる計算である。

また、高額のシステムコストがかかる大手ベンダーは、会社としては事業継続の点で安心感はあるが、スピード感がない。

つまり、これは事業戦略に大きな影響を与える可能性が高いことを示唆している。

大手小売事業者ほど、この傾向は強くなるが、日本の会社のＩＴ投資は、本事業の採算や戦略とは違う次元で決まるケースが多く、その決め方が事業推進の妨げになっている現状を多く見かける。ＩＴ投資がうまくいっていなくても、小売事業者はその現状を外部の会社には一般的には公表しないものであり、逆に問題がないように見せているため、実態が明らかになっていないだけである。

エネルギー自由化後の業界で、現時点で今後の動向や戦略が完全に固まる可能性はほぼゼロであり、その事業を支えるシステムに巨額の投資をすることに、疑問を呈さざるを得ない。

現時点では、それでも収益が出ているから問題なしと考えている大手事業者でも、高圧分野の採算悪化・需要家減少、法人を含めた低圧分野での競争激化等で事業が厳しくなれば、当然システムコストは大きく抑制していかなければならない。

今ならまだ軌道修正が利くと思われるが、高額のＩＴ投資をして失敗したケースでも、再検討した上でのリプレースで、同じようなパターンで高額なベンダーを選定するような事態が起きている。

「大手ベンダーでさえ難しいのだから当社が失敗しても仕方がない」というサラリーマン的な考え方が未だ変わっていないケースも見かけるが、事の本質が理解されていない。その事業者の数年後は本当にどうなっているのであろうか。想像にそれほど時間はかからない。

図18　ITベンダー動向～システム提供の現状～

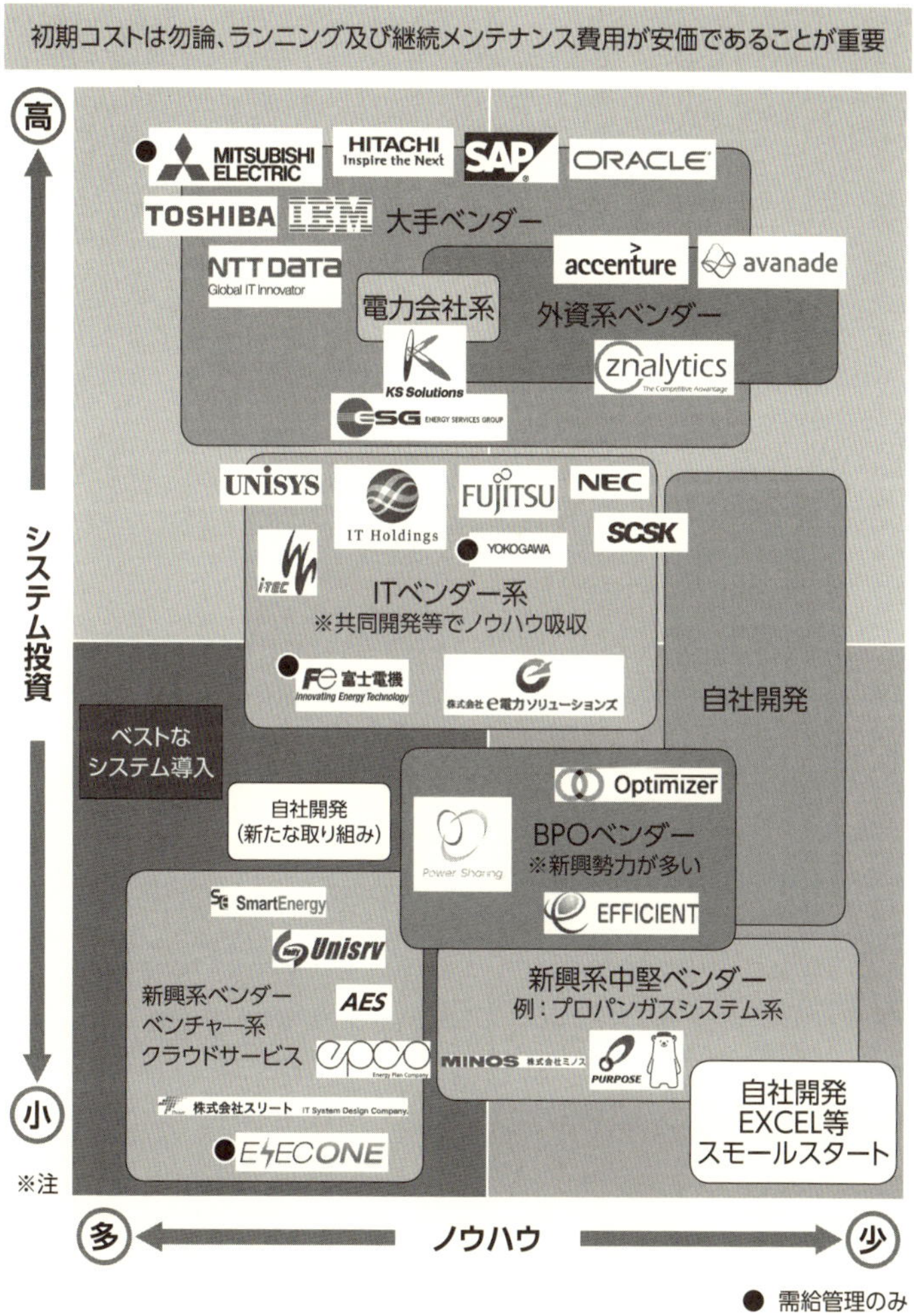

注）投資コストは案件毎により変わるためベンダーの位置は想定値となります。

独自システムでも、全て外部ベンダーに丸投げのパターンは、ベンダー任せという点では変わりないが、ベンダーのパッケージではないため、ベンダーの製品戦略に振り回されることはない。かつ、自社戦略に基づきシステム変更を自由に柔軟に実施できるメリットがある。

制度設計等に追随して開発を継続する必要はあるが、実際に支援したプロジェクトでの感覚からすると、大手ＩＴベンダーのコストより相当安価に構築は可能であり、30％程度のコストで独自システムは十分構築できる。

構築においては、エネルギー業務に知見のあるオフショア（海外企業、または海外の現地法人等に委託すること）等の事業者を活用することも選択肢として有効である。

このようなやり方は、中堅以上の大手しかできないと思い込んでいる事業者が多いが、現実的により安価に独自システムを構築することは可能なのである。

ただし、専門性の高い需給管理システムは、制度変更対応が今後も繰り返される可能性が大であり、現時点では、安価なパッケージを導入する方が得策であろう。

一部ベンダーが提供するモジュールを利用して、独自システムを開発する手法も大いにありである。広域機関や送配電事業者、ガスサービス事業者、電力市場連携等で提供されるＡＰＩ等は、仕様が決まっており、公開されているものなので、外部ベンダーが作成したモジュールを利用して開発期間・コストを削減することは有益である。

需給管理についても、自社内に業務とシステムの両方がわかる要員がいないと実際の開発は厳しいと考えるが、部品提供を受けて自社で開発することは可能である。

ただし、要員がいればの話になるため、レアケースであり、多くの事業者は安価なサービスを利用するのが現実的かもしれない。

エネルギー事業を支える今後のＩＴ戦略の組み立て方

今後のエネルギー業界は、まだまだ目まぐるしく変革が起きていき、その対応において小売事業者の戦略も大きく変わっていくと想像できる。

勝ち残るために、顧客価値をどのように創生していくのかという経営戦略・事業戦略の組み立ては非常に重要であり、それができた上でのＩＴ戦略が必要となる。

経営戦略と整合性の取れたＩＴ戦略を作り上げていくことが重要になるのである。ここでは、今後のＩＴ戦略をどう組み立てるべきかについて、解説していく。

その際に、最も重要になるのはスピードであり、それに伴うコストもポイントとなる。

また、エネルギー事業を支える仕組みは、益々ＩＴとシンクロナイズしていくと考えられ、その仕組みの良し悪しで、事業の成否に大きな影響が出る。

エネルギー業界は、制度を含め今後大きく変わっていくので、最初から機能が盛りだくさんのシステムサービスを利用することは命取りになる。

なぜなら、その実装している機能が不要になったり、大きく変わったりするためである。システム開発の手法にもよるが、一体のシステムが大きければ、それなりのメンテナンスコストもかかれば、改修時に大きな工数・コストと時間がかかるものである。

したがって、今後は、自社戦略を柔軟かつスピード感を持って変えていくには、機能に特化したサービスを組み合わせていくことが必須となる。

さらに、業界変動がこれから起きる前提では、コアなシステムも、自社で構築するか、可能な限りフットワークの軽い、コストがかからない方式、サービスの活用で導入するのが望ましい。

ここで、皆さんは、自社開発なんてものすごいコストがかかるのではという疑問を抱かれたと思うが、自由化も約3年経過し、コスト低減のために、例えばより安価なSI（システムインテグレーター）会社やオフショアの開発等を利用するケースも出てきている。

オフショア開発と聞くと、日本のエネルギー制度や業務が理解できるのか等々疑義はあると思うが、現実的には、すでに電力の顧客管理等のコアなシステムで開発実績がある。

業務ノウハウがすでに蓄積できているベンダーもいるため、自社に要件定義できる人員がいれば、またはその支援ができる外部要員を組織できれば、このオフショアを利用して構築する方法もある。

前述の通り、実際のプロジェクトでは、日本の大手SI企業の3分の1以下で、十分な構築ができている。

また、例えば、最近はやりのブロックチェーンなどの仕組みも、オフショアのベンダーの方が経験も多く、安価で仕組みを提供してくれるので、一考に値する。

次に重要な点としては、クラウド化であり、パブリックサービスの利用である。自社のインフラ資産を保有せず、セキュリティやバックアップ等に無駄なコストをかけない点と、外部で連携して利用できる点で、クラウドサービスはお勧めだ。時間をかけずに構築できる点も良い。

そんなことはわかっていると言いながら、国内の通常のサービスやITベンダーの高額なサービスを利用しているケースはかなり多い。コストと時間の無駄である。

では、どういう観点で検討して、IT導入を推進していくのかを考えてみたい。

第一に、エネルギー自由化後の業界におけるIT経営の成熟度は、他業界と比較すると非常に低いレベルであるため、今後そのレベルを上げていく必要がある。

ＩＴ経営を適切に進めていくためには、ＩＴ経営成熟度（ＩＴ経営の実現度合を示す指標）の考え方を導入する必要があり、下記のレベルを測定して、改善をしていくのである。経営がＩＴに関わり、そのリーダーシップにより、ＩＴ経営を推進することが重要である。

①ＩＴ環境：インフラのレベル、リスク、セキュリティの対応レベル
②ＩＴサービス利活用：経営戦略と整合したＩＴ利活用レベル、情報共有活用レベル、情報価値によるビジネス領域の拡大
③ＩＴ経営ガバナンス：業務能力（システム連携度合）レベル、投資効果評価の仕組みレベル
④ＩＴ経営マインド：ＩＴ経営に対する意識レベル、経営者のリーダーシップ、ＩＴリテラシー（スキル）のレベル

第二に、自社で完全にコントロールしたい領域は、可能な限り自社で運用・開発することが肝要である。自社開発が厳しくても、戦略や事業が確立されないうちは、コストをできるだけかけずに、自社のやりたいことを実現できるベンダーのサービスを投資効果重視

で採用することがポイントである。重要なのは、一旦構築したシステムを捨ててでも柔軟に戦略対応できる環境作りであり、それに耐えうるようなＩＴコスト構造にしておくことである。

第三に、自社の戦略は勿論、制度や法律等が固まるまでは、差別化したいからと言って全ての機能を自社での独自開発に固執せずに、外部のＩＴサービスを利用することである。

例えば、ＲＰＡとか、ブロックチェーン等の仕組みや、ポイント管理・利用等の仕組み等は良い例である。

ＩＴ経営成熟度の指標を導入し、今までのＩＴ投資のあり方を見直すと共に、コア事業に関わるものは可能な限り自社で、最悪でもコストを最小化してベンダーシステムサービスを導入する、かつ、新たなサービスには当面は外部連携で対応する等で、組み立てるのが正解と言える。

今後のシステム化は第二世代に移行していくと想定するが、そこでは現状のシステムで根本的にできていない部分を再構築することになる。

その上で、最終フェーズのエネルギーオペレーティングシステムの実現に向けて、動いていくことになるであろう。

エネルギー事業を支えるＩＴの第二世代では、データフローと一元管理、自動化の推進、新たなテクノロジーとのインターフェースの実現等が考えられる。

案件管理・見積もり、受付、顧客・契約管理、スイッチング処理、料金計算、請求処理、ポータルでの見える化に至るフローにおいて、データが再入力されることなく、一元的に流れることが要求される。

また、需給管理や収支管理・シミュレーションもこのデータフローの一環で連携され、必要に応じてデータが参照されることになる。

まず、現時点でほとんどの事業者のシステムは、この一気通貫のシステムになっていないことが問題である。

また、ＩＶＲ、ＯＣＲ、ＲＰＡ、ＡＩ等々の新しいテクノロジーを基本的に利用する形態でのシステム構成（これは外部サービス利用でも問題ない）を作り上げ、業務の徹底的な効率化を図ることが重要である。

業務の効率化を追求して、顧客管理も需給管理の分野も共に、テクノロジーを駆使した自動化とデータの一元化が進んでいくことになる。

さらに、現時点では、エクセル等属人的な手法で構築されていて問題になっている、または今後問題が顕在化するような分野であり、経営の肝になるような収支管理やシミュレ

図19　エネルギーサポートサービス・システムの方向性

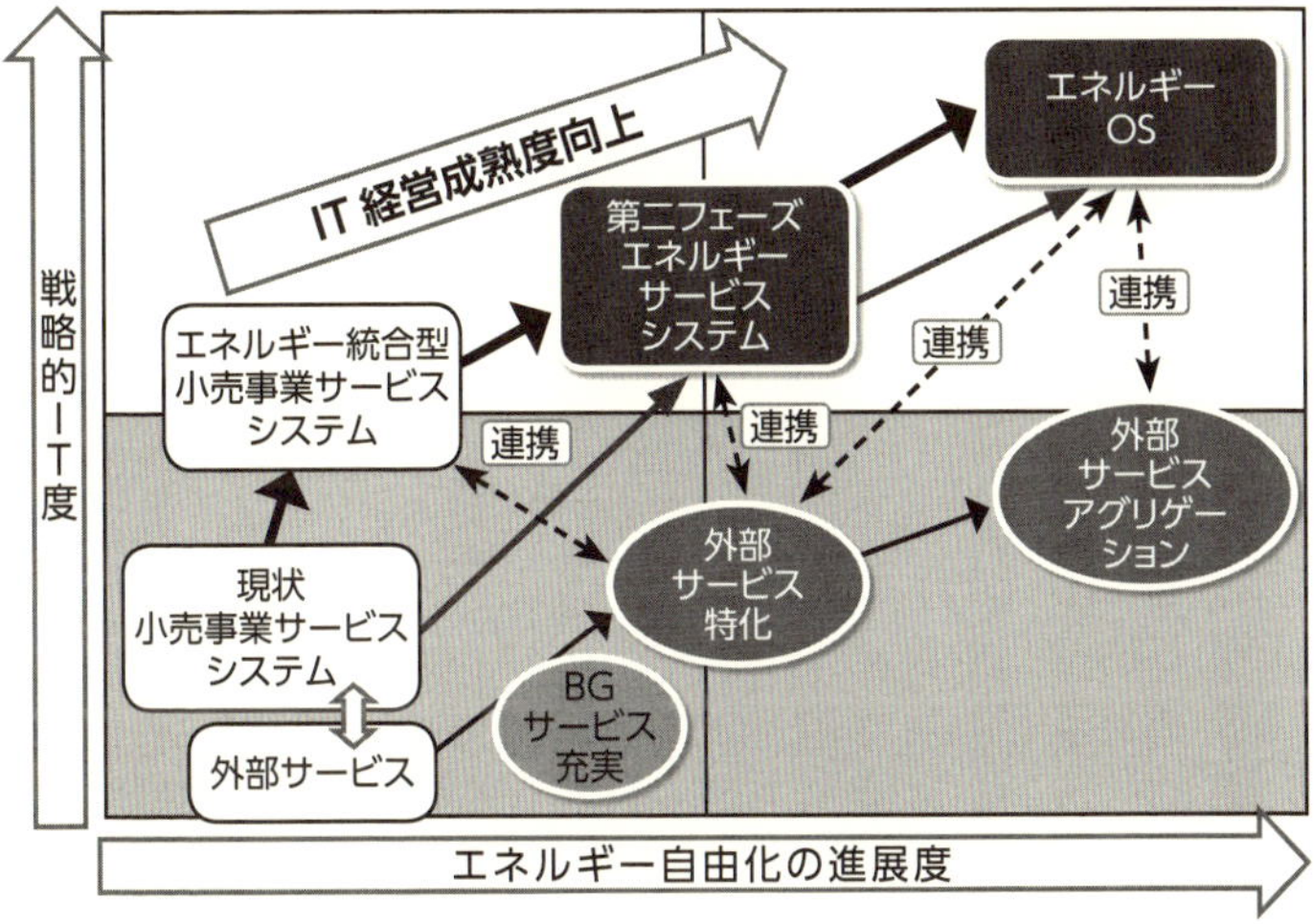

ーション、見積もりシステム等が高度化されていく。

大手は独自で構築することも検討できるであろうが、それ以外の事業者は現実的に、今後提供されていくことになる安価なクラウドサービス等を利用する方向になる。

また、申し込み方法や支払い方法等に新たなテクノロジー、例えばAmazon Echo、Google Home、LINE Clova等の音声認識・操作のアシスタントサービスやＩＴを駆使したLINE Pay、PayPayといった新サービス等とシステムを連携して、需要家の利便性やサービス向上を図ることが益々求められる。

ここまで、エネルギー事業のプレイヤー

やサービサーを想定しながら、事業者が生き残るためのシステム戦略をどう考えていくべきかについて述べてきたが、次章は、今後のエネルギーシステムの理想像について解説することにする。

第5章

エネルギーオペレーティングシステムの実現を目指して

この章では、今後のエネルギー業界で勝ち残っていくために、実現するべき、進化し続けるエネルギーオペレーティングシステムの理想像について解説する。

エネルギーサービス提供者に求められるものとは

「最も強い者が生き残るのではなく、最も賢い者が生き延びるのでもない。唯一生き残るのは、変化できる者である」というダーウィンの言葉を知っている方は多いと思う。

なぜ、絶滅するものと、生き残るものがいるのか。自然科学的には結果そうなったということなのであるが、あえて、このお話をエネルギー業界の変革と合わせてしてみたいと思う。

日本のエネルギー自由化は、前述の通り、3・11以降急速に議論が高まり、全面的な自由化に至っているが、まだ実質的には始まったばかりである。全面自由化からたかだか3年しか経過していないのである。

一方で、エネルギーは、日々の生活において必須であり、現在電気がない暮らしはほぼ成り立たないため、他のサービスよりなくてはならないものである。2018年の北海道胆振《いぶり》東部地震では、EVを所有していたので携帯電話の充電をしようとしたら、車庫のシャッターが電動式であったため、結局活用できなかったというお話も聞いた。電気というエネルギーがどれだけ日々の生活に浸透しているかということである。

また、日本のエネルギー事情から、再生可能エネルギー、分散電源の必要性が高まっている状況下、このなくてはならないサービス分野が完全に自由化され、関連サービスを含めた巨大な市場が解放されたわけで、新規参入者が続出するのは当然と言えばその通りである。外資系の企業も進出しており、その市場の魅力から、日本のことを「Golden Island」と呼んでいるとのことである。

一方で、日本の発電電力量に占める再生可能エネルギー比率は、２０１６年時点で14・5％（水力を除くと6・9％）で、世界の主要国、例えば、ドイツ30・6％、イタリア35・3％、イギリス25・9％（以上、２０１５年統計）と比較すると低い傾向にある。まだまだ導入の拡大が必要とされている現状があり、エネルギー業界として今後の課題となっている。

どの業界でも変化はしており、世の中の動きに合わせて、サービス等のあり方も変わってきている。そのサービスを支えるＩＴの考え方も大きく変わってきており、システムの導入形態も変革の歴史がある。

エネルギーは、大昔、火や水力・風力を利用していた時代から、産業革命の石炭を燃料のベースとした蒸気機関の時代を経て、石油を中心とした時代になり、さらに電力を多く消費する時代が到来し、そして再生可能エネルギーの利用を拡大する現在に至っている。

さらに、エネルギーは自由化の時代を迎え、かつ、日本においては、IoT等のデジタル化推進が可能な時期に、その時を迎えている。

一方、ITの世界では、汎用機の時代、コンピュータシステムは高価なものであり、全ての事業者が活用できるとは言い難い状況であったが、導入するだけで大幅に業務の省力化が図れ、投資効果が出る時代でもあった。この時代は、集中型のシステムであり、業務をする人は、低域の回線網につながれた端末から入力することで業務を行った。

その後、インターネットの普及とApple、マイクロソフトやヒューレット・パッカード(DEC、COMPAQを吸収合併)等の出現により、オープン系、分散コンピューティングの時代が本格化し、一人1台のコンピュータ時代になり、徐々に業務の仕組みやビジネススタイルも変わってきた。何よりも、多くの事業者が、ITをより容易に活用できるようになったことで多くの変革をもたらした。

次に、システム資産も保有する時代から利用する時代に変わり、クラウドサービスなるものに、ITの世界が移行してきている。

セキュリティのレベルは、大企業をはるかに超える投資を行っているパブリックなクラウドサービスに勝るものはなく、セキュリティにシビアなメガバンクの業界でもたくさん活用されている。

今後は、コアな業務を除き（ケースによってはコアな業務も）、サービス及びコンテンツを利用する形に大きく舵《かじ》を切っていくことになると考える。

企業が生き残っていくためにはＩＴのパワーは必要であり、従来の日本企業のＩＴ投資のあり方を改め、戦略的なものとそうでないものは明確に対応を分ける、投資面でも極端な差別化をしていくということが必要になる。逆にそれができていないとエネルギーの分野でも外資系の企業に凌駕《りょうが》されかねない。また、一方、ＩＴを戦略的に活用できる事業者であれば、中小事業者であっても、勝ち組になれる要素があるということである。

これからは、コアなシステムは別にして、戦略に見合った安価で小回りの利く外部サービスを多用していくべきであり、そのコストをコアなシステムに回す、あるいはＩＴ以外の戦略的な投資に回すようにしていくべきである。

エネルギー業界は今後激変していくからこそ、エネルギー事業を支えるＩＴへの考え方・あり方を変えるべきであり、その気づきをいち早く実行に移せたプレイヤーが、唯一生き残り、「変化できる者」となる。

ＩｏＥによるエネルギー事業の変革

ＩｏＴは、Internet of Things の略で、「インターネットに接続されるもの」という意味であることはご承知の通りであるが、スマホやタブレット、ＰＣなどのデバイスやゲームやテレビ、家電製品、自動車、家に至るまで、さまざまな「もの」がインターネットにつながるようになった状況を表している。

では、ＩｏＥとは何か？

ＩｏＴの発展系がＩｏＥであり、需要家にとって、また、サービスを提供する事業者にとって新たな取引関係を創造できるものとなる。ＩｏＥという言葉は、Internet of Everything の略であるが、人、送配電設備、エネルギー設備、ＥＶなどの「もの」だけではなく、全てのものがインターネットでつながる概念で、そこから発生するデータを解析して、業務やサービスに転換していくことができる。

ＩｏＥの仕組みで、データを蓄積し分析することで、エネルギーの取引が効率的で便利なものになるとされており、例として、家電製品やＥＶが需要家の行動をデータとして蓄積し、小売事業者やサービス事業者が分析して、新たなサービスを提供できることになる。

ＩｏＥは、Internet of Energy とも言え、今後のエネルギービジネスを支えるインフラとなる。このインフラの上で、需要家、小売事業者、サービス事業者、送配電事業者、アグリゲータ等が、それぞれの立場で取引をし、エネルギー消費の効率化・メリットを享受するようになる。

例えば、家電製品やＥＶとエネルギー供給がパックになり、サービスが提供されると同時に、エネルギー全体の需給バランスを取れるように、そのサービスが活用されるということが実現できたりする。

家庭内の電力需要が少ない時間帯に、ＥＶに自動充電する、ロボット化が進化した掃除機・洗濯機が稼働する。逆に、電力が逼迫《ひっぱく》している時間帯は、サービス事業者が接続されているＥＶから電力供給を受ける等もできるようになる。

蓄電池のテクノロジーの進展によるが、現時点では、電力の需給調整のために、蓄電池設備を構築するより、今後主流になるであろうＥＶの集合体を活用する方が現実的であり、投資コスト的にもメリットがある。

まさに、ＭａａＳ[※5-1]と融合したような新たな電力移動サービスが実現できるようになる。海外でも実証実験されている事例があるが、Ｖ２Ｈ[※5-2]やＶ２Ｇ[※5-3]の仕組みは、今後益々広がっていくであろう。

家電等もインターネット経由で簡単に制御できるようになってきており、電力需要と合わせて、サービス事業者が制限付きでコントロールできるようなモデルを使えば、電気料金を定額にするようなサービスが実現する。

または、そのデマンドに対する対価として、パブリックなモールやオリジナルモール等で利用できるエコポイントがもらえるような仕組みも考えられる。

エネルギーサービス事業者は、このＩｏＥの流れに乗って、さまざまなサービスを提供していくことになるであろう。

エネルギーオペレーティングシステムとは

エネルギーオペレーティングシステム（Energy Operating System、ＥＯＳ）とは完全な造語であるが、エネルギー業界における事業を支えるプラットフォームであり、エネルギークラウドサービスの基盤となるものを目指している。

通常オペレーティングシステムという言葉は、ＯＳ（Operating System）と言われ、コンピュータのオペレーションのためのソフトウェアの中で中核的位置づけのシステムソフトウェアとして認識されるが、ここで言うＯＳはエネルギー事業を支える仕組みであり、もっと広範囲なものを指している。エネルギー事業で特に需要家との接点を持つ事業者をサポートする仕組みであり、圧倒的な利便性に寄与するものである。

このエネルギーオペレーティングシステムは、小売事業者、サービス事業者にとって、IoEのコアを支えるものであり、かつ、専門化するサービサーとの連携をスムーズにすると同時に、パートナー事業者や需要家にとって、さらに送配電事業者等にとっても、メリットのあるサービスを提供するためのプラットフォームとなる。

基本的なコンセプトは、顧客価値創造、事業戦略への追随、迅速な仕組みの構築、圧倒的なコスト削減、事業者間での相互利用であり、概念としては、進化し続ける仕組み・機能を実現していくものとなる。

当然であるが、進化し続ける仕組みであるため、後述する機能が全てではなく、エネル

※5-1 MaaS (Mobility as a Service)
情報通信技術を活用することにより自家用車以外の全ての交通手段による移動を一つのサービスとしてとらえ、シームレスにつなぐ新たな「移動」の概念。

※5-2 V2H (Vehicle to Home)
EV等の電力を家庭用の電力供給源として利用すること。

※5-3 V2G (Vehicle to Grid)
電気自動車を電力系統に連系し、車と系統との間で電力融通を行うこと。

ギー業界の変革と共に、必要な機能要件は変わり続ける。

重要なのは、変化し続けることであり、現時点で最強のものを作ることではない。ＩｏＥの概念もやがて変化していくものであり、時代毎に最適な概念やコンセプトが出てくるが、重要なポイントは、今の時点で想定できるベストな仕組みを考え、できることから実行に移すことである。

ここから、そのエネルギーオペレーティングシステムを構成する下記の要素について、解説していく。エネルギーオペレーティングシステムは、改善すべき現状のＩＴから第二世代のＩＴの形を経由して、エネルギーサービス事業者が最終的に実現したいＩＴ戦略の基盤となる。

□ Cooperation base（連携基盤）

前述したＩｏＥのベースになるもので、あらゆるデータを連携し、最適化・自動化する仕組みであり、次世代のエネルギーオペレーティングシステムの基盤になる。この基盤は、事業者側の新しいサービスが出るたびに接続アダプターサービスが追加され、進化し続けるものとなる。

・外部データソース（天候情報、燃料市場等その他情報）連携
・電力市場連携（リアルタイムにも対応）
・広域機関（OCCTO）連携
・送配電事業者連携
・ガス事業サービス連携
・水道運営サービス連携
・アグリゲータ等サービサー連携
・DERMS／BESS連携（EMS※5-4、VPP、EV、蓄電池、PV等含む）
・フロントWEB系連携
・SNS、アシスタントサービス等連携
・RPA、IVR等外部サービス連携
・AI等各種分析・予測系システム連携

※5-4　EMS（Energy Management System）
エネルギーマネジメントシステム。電気、ガス、熱などのエネルギーの見える化や設備の最適運用などを実現するシステム。

・ブロックチェーン等外部サービス連携
・モール構築・各種ポイント利用基盤等連携
・収納代行・印刷事業者・コールセンター等外部BPOサービス連携
・需給監視等モニタリング事業者連携
・自社サービス基盤連携

□ **Business operator merger interface（M&A等統合基盤）**
今後増えるであろう事業統合や、事業転換時のデータ連携基盤であり、事業開始のスピードを確保するために、臨時または当面の間継続して利用するものとなる。
・M&Aデータ統合や連携基盤
・取次店等事業転換におけるデータ移行基盤

□ **MDM（Meter data management）**
エネルギー（電気、ガス、水道等）のメーターデータ統合管理基盤。

全てのエネルギーのメーターデータを統合管理する基盤であり、データ参照やデータの入出力を高速で実現する基盤となる。

□ SFA（Sales Force Automation）

サービス管理基盤等と完全に連携した営業支援・推進基盤。

今後は、個人も対象とした基盤となり、見積もり・収支、サービス基盤、レコメンド基盤等とのデータがリアル連動するような仕組みとなる。

□ Estimation

SFA及び収支管理基盤、サービス管理基盤と連携した見積もりサービス基盤（外部サービス利用もあり）。

機能としては独立しているが、サービス全般の見積もりができる基盤であり、収支シミュレーションや実績管理、需要家向けのプロモーションベースとも連携する。

□ Agent agency function

サービス管理基盤及びSFAと連携したパートナー連携基盤。

パートナー企業との協業を実現するデータ連携基盤であり、パートナーと連携する全てのデータをスムーズに連携する仕組みとなる。

エネルギー関連及び付随サービスの顧客・契約管理基盤（料金計算・請求管理等を含む基盤が望ましい）。

□ Service management infrastructure

エネルギーを中心として、あらゆる全てのサービスの顧客・契約・請求の情報等を統合管理できる基盤となる。

受付は、新しいテクノロジー（例えば、アシスタントサービス、RPA等）のサービスに、Cooperation base（連携基盤）を通じて連携される。また、外部サービスとのデータ連携も同様である。

顧客管理については、エネルギーに関わる新サービスに対応できるよう一つの地点で、複数のメーターデータと紐づく複数のサービス契約が管理できるようになる。

各エネルギーの受電、供給地点毎に（例えば、電力で言うと、一地点複数受電、複数供給地点等の）管理ができ、その計算ができるようになる。料金計算では、最小単位（例えば30分単位）での需要側の計算、供給側の計算ができるようになり、新たなサービスの形を料金計算上でも具現化できる仕組みとなる。

新たなスマホを利用した支払いサービスやさまざまなプリペイドサービス、モールを含むポイントサービス等とも連携し、請求処理はさまざまな形態にAPIで連携する。

ポータル等は、例えばアシスタントサービスのような新しいサービスとも連携し、需要家の情報参照や契約変更等が簡単にできるようなインフラとなる。需要家には、面倒な手続きをせずに、朝出かける前に、来月の料金メニューの変更ができる等のサービスを提供する。

□ **Supply and demand control**

自動化について進化し続ける需給管理基盤（サービス・収支管理基盤とリアルに連携）。需給管理に特化した仕組みとし、自動化の仕組みは全て装備する。外部のデータを参照したり、AIサービスを利用して、需要予測、ポジション判断等最適な管理をほぼ全自動で行う。

異常処理は、スマホ等に連絡が入り、自動音声等で知らせてくれる。また、最適な対応ができるようガイダンスしてくれる。

□ **Supply and demand Response control**

デマンドレスポンスサービス管理基盤（外部DERMSや需給管理、収支シミュレーション等の基盤と連携）。

外部の分散電源基盤等とも連携しながら、かつ収支シミュレーションも参考にしながら、需要家及びパートナー事業者にもメリットがあるような制御を行える。

分散電源の最適な制御もこの中で連携し、最適な指令を出力する。

□ **Financial transaction/Derivative transaction function**

先物取引等の管理・シミュレーション基盤。

先物取引等を含めエネルギー取引の最適化を自動化・レコメンドする仕組みであり、主に需給管理や収支シミュレーションと連携する。

□ **Balance management & simulation**

収支管理基盤（実績管理とシミュレーション機能に分かれる）。見積もり・サービス・需給管理基盤等とリアルに連携。

サービス販売前、エネルギー供給時点、将来予測が比較できるモデルであり、事業戦略の要になるシステムである。

□ Business intelligence

データ分析基盤（内部分析、需要家向けサービス分析等の基盤となる）。サービス基盤やMDM、需給管理・収支管理のデータを参照して分析。

事業戦略及びサービスメニュー立案、需要家分析で利用する基盤であり、コアなデータはシステム利用時間外でのバッチ処理で連携し、高速で分析できる仕組みである。

□ Promotional base

需要家向けレコメンドサービス基盤（顧客分析の結果をサービスに反映・通知連携）。

日々の分析結果で最適なサービスを需要家にレコメンドするサービスであり、前述のアシスタントサービス等との連携で、需要家が負荷なくサービスを選択できるようにする。または、最適なサービスを自動選択するような仕組みとなる。

図20　エネルギーオペレーティングシステム概要図

Energy Operating System Outline

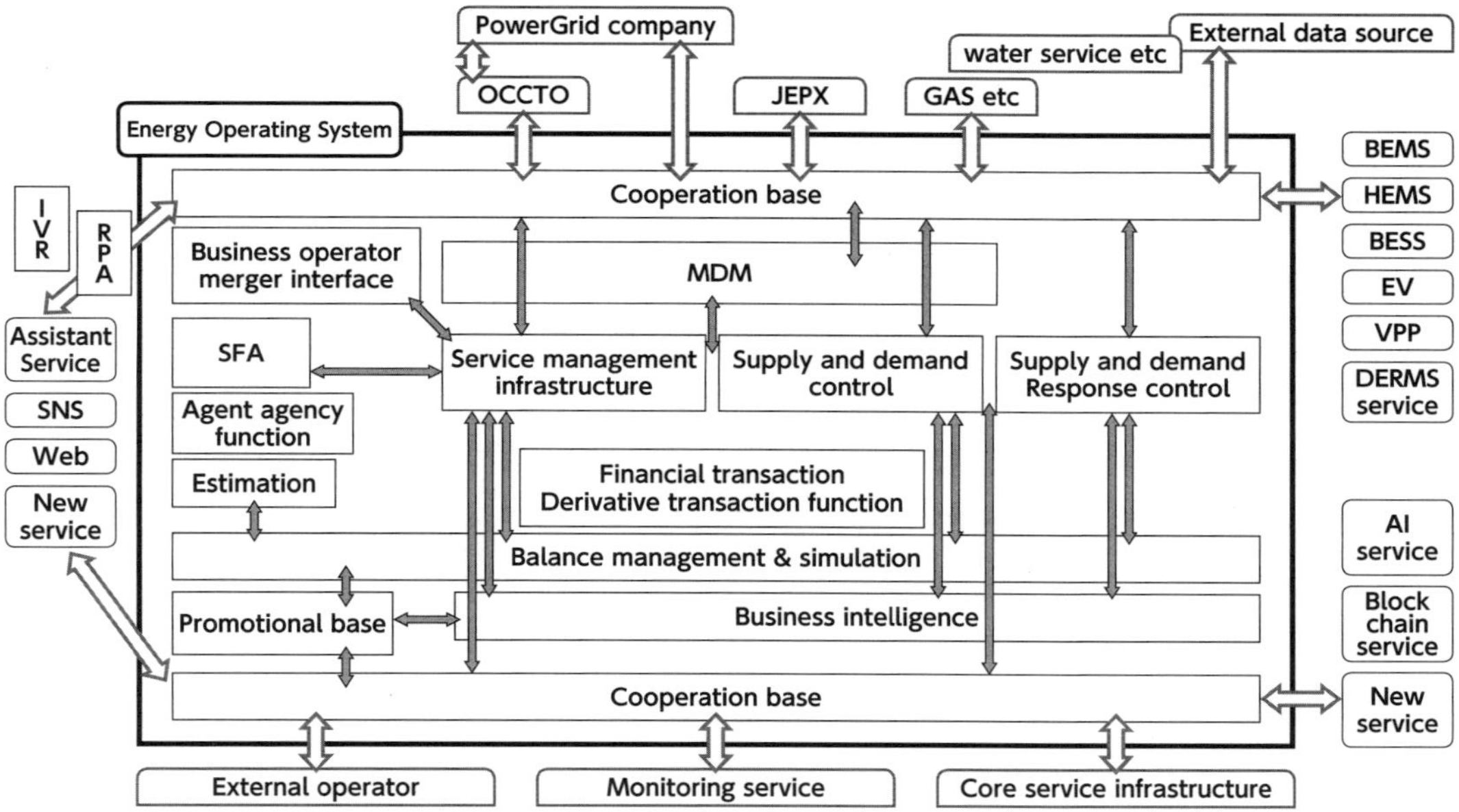

エネルギーオペレーティングシステムの実現に向けて

今後のエネルギー自由化の進展の中で、エネルギー事業者は、生き残るために、どのようなドメインで戦うか、どのようなターゲットに、どのようなサービスを中長期的に提供していくのかという観点で、経営戦略を組み立てていくことになる。

顧客向けのサービス展開で生き残るのか、事業者向けのサービス提供で生き残るのか、または両方のサービス事業で組み立てるのか等を検討することになる。原点は、顧客価値創造であり、エネルギーを起点としたサービスで、何を提供し差別化していくのかということである。顧客価値を創造していく上では、当然そのサービスを支える業務プロセスの改善は必須であり、かつ、継続的な改革が必要となる。

また、当然、経営戦略から創成した顧客に提供するサービスを支えるITとの整合性は取りながら、仕組みを作っていくことが肝要である。

さらに、テクノロジーの最新動向をにらみながら、かつ、対投資効果を常に測定しながら、経営層にIT戦略のコミットをもらい、ITの戦略を作り上げていく。

顧客価値創造のためには、自社のみではなく、協業のパートナー事業者やより専門化していく外部のサービス事業者との連携は必須であり、スピード感を持ってサービスを提供し、より付加価値の高いサービスを顧客に届けることになる。

今後エネルギー事業がどのように変わっていくのかを正確に予想するのは困難であるが、大きなトレンドを読み、IT投資が継続できるような状態にしておくことは、エネルギー事業を差別化しながら、事業を継続・拡大していく上で重要なポイントとなる。

前述の通り、ITの仕組みを柔軟にしておく。事業が固まらないうちは、可能な限り軽い仕組みを構築しておくことは重要であり、勝ち組になったときのさらなるIT投資に備えて、できるだけ低コストでのシステム開発・投資を心がけるべきである。

エネルギーオペレーティングシステムの構築へのステップは、今まで言及したことをまずは実践し、自社のIT経営成熟度を上げた上で、自社のエネルギー事業戦略の方向性に合わせて、徐々に理想形のシステムに近づけていくことが正攻法であると考える。最初から理想形は構築できないし、途中で理想形が変わることもあるため、変化できるような考え方と体制で臨んでいくべきである。

現在の初期フェーズの段階から、前述した第二世代のシステム構築・実現を経て、オペレーティングシステムの最終形に近づけていけるよう、中長期的にIT経営実践を継続できる環境を作っていくことが非常に重要になる。

エネルギーオペレーティングシステムの構築・実現に向けて、各エネルギー事業者がアプローチを開始してほしいと切に願っており、このことが、エネルギー自由化における顧客創造の継続にもつながり、自由化を推進していくと信じている。

この業界で、サービス事業を支援し続けることにより、微力ながら、エネルギーオペレーティングシステムの実現に寄与したいと考える次第であり、サービス事業者と共にエネルギー自由化の火が消えないようさまざまなITサービスやビジネスモデルを提供していきたいと考えている。

エネルギー自由化や業界の変動は、まだまだこれから大きなフェーズを迎えるが、サービス事業者には、エネルギーオペレーティングシステムの具現化により、その波を乗り切ってほしいし、エネルギー自由化及び顧客価値創造が継続できるような未来を共に実現していければ幸いである。

おわりに

電力自由化以前から、この業界に関わり、エネルギー自由化の進展に少しでも寄与したいという想いで、現在も事業者のご支援をさせていただいているが、エネルギー事業を支えるＩＴは、まだ初期段階の領域を脱していないと考えている。

この段階で、今後のエネルギー業界の変革を切望するものの一人として、少しでも参入する小売事業者・サービス事業者の方々のお役に立てればという想いで、筆をとった次第である。

これからエネルギー業界では、大きな変革が本格的に始まり、事業者にとっては、最大のチャンスが訪れる。一方、需要家側からすると、画期的な新たなエネルギー及びその関連サービスを享受できるようになる。

日本のエネルギー事情を見ると、エネルギー供給の問題等、変えていかなければならないことが山積しており、変革の成否は行政や自治体、事業者が、どうソリューションを組み立て、提供していけるかにかかっている。

エネルギー事業に関わる以上、生涯現役の精神で、可能な限りコンサルタントとして日々精進し、また変化し、世の中の役に立つソリューションとサービスを提供し続けていきたいと思う。

今まさに、平成最後の年末に執筆しながら、将来的なエネルギー業界に想いを馳せている。来年度からエネルギー業界は益々変化していくと予想され、エネルギーサービスに関わる全ての事業者も自ら変わっていく努力をしなければいけない時代が到来する。

これまで、エネルギー業界の変革やその事業を支えるITについて述べてきたが、エネルギー自由化の進展は不可欠と考えている。それにより、参入する事業者が今まで以上に増え、国民の生活が良くなるようなサービスがたくさん提供されるようになることを切に願っている。

長い単身赴任をずっと支えてくれている家族、尊敬する両親、ビジネスのコアな部分で共に歩んでくれるエネルギー業界の仲間・パートナーの皆様、最後にいつも情報交換・ビジネスをしていただいている事業者の皆様に、心から感謝申し上げ、締めくくりとする。

2019年3月吉日

平松　昌

《著者紹介》
平松　昌（ひらまつ　まさる）
エネルギービジネスコンサルタント
1962年生まれ。関西学院大学卒業、経済学士。外資系コンピュータベンダーやベンチャー事業支援、大手電力情報子会社を経て、エネルギービジネスコンサルタントとして活動中。30年間のＩＴ業界での経験を生かし、ＩＴコスト削減ノウハウ、エネルギー自由化における事業・ＩＴ支援、エネルギービジネス全般でのビジネスモデル立案や事業・業務支援を展開中。手掛けてきた新規参入事業者向けの事業支援、業務・ＩＴ支援プロジェクトは50社以上。主な著書に『ＩＴを買うその前に』（東京図書出版）がある。
小売電気アドバイザー（登録番号1805003）、ＩＴコーディネーター。
BlueOceanCreativePartners 代表、株式会社日本エナジーサービス システム担当顧問・コンサルタント。
E-mail：info@blueocean-p.jp

装幀　佐々木博則
装幀写真　NASA
図版　桜井勝志

エネルギー自由化
勝者のＩＴ戦略

2019年４月１日　第１版第１刷発行

著　者　　平松　昌
発　行　　株式会社ＰＨＰエディターズ・グループ
〒135-0061　東京都江東区豊洲5-6-52
☎03-6204-2931
http://www.peg.co.jp/
印　刷
製　本　　シナノ印刷株式会社

ISBN978-4-909417-18-3